L'ART DANS LE MONDE

FONDEMENTS HISTORIQUES, SOCIOLOGIQUES
ET RELIGIEUX

CIVILISATIONS NON EUROPÉENNES

AFRIQUE

L'ART DES PEUPLES NOIRS

PAR

ELSY LEUZINGER

ÉDITIONS ALBIN MICHEL

PARIS

LE VOLUME AFRIQUE PAR ELSY LEUZINGER
A ÉTÉ TRADUIT DE L'ALLEMAND
PAR DENISE MEUNIER

LA REPRODUCTION DE LA PAGE DE TITRE REPRÉSENTE:
Un plat en bois à couvercle, pour les légumes et la viande, des Kwangwa,
sous-tribu barotsé célèbre pour ses sculptures sur bois. La simplification qui
réduit à l'essentiel les lignes des canards sauvages met leurs caractères en
relief d'une façon frappante. Rhodésie du Nord. *Musée Rietberg, Zürich.*
Coll. v. d. Heytd (Longueur: 31,6 cm)

L'ÉDITION ORIGINALE DE CE VOLUME A ÉTÉ PUBLIÉE EN 1961, SOUS
LE TITRE DE «AFRIKA», PAR HOLLE VERLAG, BADEN-BADEN.
© 1962, ÉDITIONS ALBIN MICHEL
ISBN 2-226-01835-2

PREMIÈRE PARTIE
CONSIDÉRATIONS GÉNÉRALES

I. RENCONTRE AVEC L'ART NÈGRE

L'art du Noir nous fascine par la puissance de ses émotions et la sûreté de son expression formelle. Aujourd'hui, nul ne lui discute plus son rang dans le monde, un rang qui le met sur le même plan que les œuvres de l'Europe et de l'Orient ancien. Pourtant, ce n'est pas son caractère insolite seul qui nous attire ; à la longue, après de nombreux contacts avec lui, c'est la richesse de son contenu émotionnel qui nous touche profondément. Pour bien pénétrer son originalité essentielle, il y faut la disposition spirituelle voulue et une totale absence de préjugés : la connaissance du milieu où il s'est développé et la documentation de l'archéologie n'eussent pas suffi à le tirer des vitrines des musées. Le mérite de l'avoir découvert et révélé aux yeux du monde revient à quelques artistes, amateurs et collectionneurs, du début de notre siècle. L'Européen, prisonnier des idéaux de la plastique grecque, n'a pu déceler les qualités artistiques des divinités africaines exilées dans les musées d'ethnologie qu'au moment où, s'efforçant lui-même de réaliser la représentation cubiste et surréaliste de son univers, il s'aperçut que le Noir – bien longtemps avant lui et à partir de prémisses tout à fait différentes – avait trouvé les solutions plastiques les plus étonnantes pour l'expression de ses visions spirituelles.

«Découverte»
de l'art nègre

L'artiste noir crée, au moyen de formes abstraites ou du moins soustraites au réel, une œuvre absolument neuve. Certaines formes peuvent même paraître absurdes au profane ; mais pour le Noir, elles représentent – en tant que supports d'esprits supraterrestres, que médiateurs de la puissance vitale – une entité chargée de sens. C'est le plus souvent la figure humaine qui est placée au point focal. Au mépris des proportions naturelles, les traits présentant une importance spirituelle sont accentués, tous ceux qui sont accessoires, supprimés ; aussi la forme parvient-elle ainsi souvent à un degré de densité et de concentration tel qu'elle s'approche de l'absolu.

Certes, l'enthousiasme de ses découvreurs était si grand que l'art nègre fut, au début, placé sur un piédestal trop élevé, il faut le reconnaître. Les trésors artistiques neufs et inconnus qui nous venaient d'Afrique parurent alors si étonnants que personne ne prit la peine de séparer le bon grain de l'ivraie. Le désenchantement était inévitable. Cependant, les véritables qualités de l'art nègre nous attirent aujourd'hui avec autant de force qu'elles le faisaient au début du siècle, et sa valeur n'est plus mise en doute comme au temps où le profane rangeait sans discrimination tout ce qui était africain dans les singularités de barbares primitifs. Eduard von der Heydt, un pionnier dans le domaine de l'art populaire, découvrit un jour, il y a maintenant plus de trente ans, une statuette nègre quasi oubliée dans le coin d'une devanture. Elle lui plut tant qu'il l'acheta, sans en rien savoir sinon qu'elle était l'expression visible et tangible d'un sentiment religieux authentique, d'un étrange culte des ancêtres et des esprits. Cela suffit à le convaincre et, actuellement, la plastique constitue la pierre angulaire de sa remarquable collection d'œuvres d'art des peuples dits primitifs au musée Rietberg, à Zürich. Quiconque se trouve en présence de l'art africain éprouve immédiatement l'impression qu'il s'agit là de l'expression d'une très haute spiritualité. La sérénité statique et la puissance concentrée s'y combinent en une harmonieuse unité. Des yeux à demi fermés et des formes qui n'ont rien de commun avec le milieu naturel nous font pressentir une vérité plus haute. Un souffle de l'au-delà nous effleure, des courants de force jaillissent, nous pénètrent, puis retournent à leur source dans un éternel et réciproque échange. Si l'on approfondit le jeu des actions et réactions conjuguées, les lois qui permettent de parvenir à une telle puissance d'expression et à une telle harmonie, on est frappé par les combinaisons raffinées, les idées audacieuses, les proportions heureuses que l'on découvre. La curiosité est éveillée et les questions se pressent en foule : quels sont les hommes qui sont parvenus à une telle extériorisation des sentiments ? D'où tirent-ils leur force créatrice ? A quelles sources spirituelles se nourrit cette grandiose volonté de représentation ? Et, enfin, quelle est la signification de cet art ? Ce sont là des problèmes très vastes. Le but de cet ouvrage est d'essayer de leur trouver des solutions. Ses chapitres conduiront le lecteur, à partir du contenu de l'art nègre, aux hommes dans leur milieu, passé et présent, puis à la fonction de leur art dans la collectivité, au point de vue de la religion et de la sociologie. Les questions fondamentales de la forme, des matériaux et des techniques si variés, de leurs possibilités et de leurs limites seront également traitées. Enfin, nos déambulations à travers les différentes régions où s'est développé un style propre nous fourniront une sorte de coupe d'un monde dont la diversité pourra être indiquée dans ce cadre, mais non pas épuisée.

II. LA TERRE ET LES HOMMES

Vu à vol d'oiseau, le continent africain donne une impression de relative simplicité. Quand nous laissons la Méditerranée derrière nous, nous ne tardons pas à reconnaître le Sahara avec ses oasis, à droite la chaîne de l'Atlas, à gauche la vallée du Nil parsemée de petites étendues cultivées. Le bras bleu du fleuve rassemble les eaux des hautes terres éthiopiennes ; le blanc forme dans le Bahr-el-Ghazal, au sud du Soudan oriental, une vaste étendue de marais. Après le 20e degré de latitude, les épineux et les arbustes rabougris font la transition entre le Sahara et le Sahel dont les maigres pâturages sont le paradis du chasseur. Ensuite, un vert plus épais sur la terre rouge indique la zone fertile des tropiques : le Soudan s'étire en une large bande à travers le continent, depuis l'Atlantique jusqu'à la mer Rouge ; ce sont d'abord des steppes sèches qui permettent la culture et un peu d'élevage, puis, grâce aux précipitations de plus en plus abondantes, la savane humide s'installe avec ses forêts-galeries, ses champs et ses vastes herbages, ses grosses agglomérations humaines. Elle a enfoncé de nombreux coins dans la sylve primitive qui s'étend de la Sénégambie au Congo sur le littoral atlantique et fait régner, dans la région de l'équateur, la sombre puissance de la jungle.

Vers l'est, les plateaux soudanais, constamment coupés d'ondulations, de dépressions et de massifs montagneux, s'élèvent pour former une région de hautes terres : le grand sillon africain, qui s'est formé à l'époque glaciaire, alors que l'est du continent était balafré depuis la mer Rouge jusqu'au Zambèze par une gigantesque fissure dans l'écorce terrestre. Aujourd'hui, bien des millénaires après, ses paysages offrent un spectacle merveilleux où lacs, chutes d'eau, volcans et pics enneigés mettent leur accent, enchâssés dans la végétation changeante avec ses acacias et ses baobabs caractéristiques. Au-delà de ce fossé tectonique, une bande de hautes terres s'étend depuis les montagnes éthiopiennes jusqu'au sud.

De l'équateur au Cap, nous rencontrons les mêmes zones de végétation, mais dans l'ordre inverse. Dans le sud du Congo, la savane se libère de nouveau de la grande forêt pour s'étendre depuis l'Angola jusqu'à l'océan Indien et se transformer peu à peu en steppe desséchée lorsqu'on approche du Cap. Le centre et l'ouest de l'Afrique du Sud, enfin, sont occupés par les énormes étendues salées et désertiques du Kalahari.

Les grands fleuves – Nil, Congo, Niger, Zambèze, etc. – avec leurs innombrables affluents, sont aussi importants comme sources de vie que

TOPOGRAPHIE

CARTE PAGE 214

comme voies de communication reliant les civilisations. Pendant des siècles, ils ont porté les migrations des Noirs sur des distances considérables, mais ils abondent en traquenards : avant leur embouchure, il leur faut franchir le seuil du haut plateau qui leur barre le chemin de la mer, d'où rapides et cataractes. Il est bien difficile de pénétrer dans le cœur du continent noir en remontant ses cours d'eau, d'où le rôle secondaire que joue pour lui la navigation maritime.

Quelques rares brèches au nord et à l'est constituent les seules portes d'entrée, par où les étrangers et leur civilisation ont réussi à s'engouffrer. Par vagues migratrices bien définies, ils ont pu s'enfoncer du nord vers le sud, d'est en ouest et déferler sur les steppes sans se heurter à des obstacles notables – jusqu'à ce que leurs avant-gardes se perdent dans l'infinitude de la forêt vierge.

CLIMAT Climat et altitude ont modelé le visage de l'Afrique, la chaleur tropicale n'étant qu'un facteur de cet ensemble. C'est le degré d'humidité de l'air qui décide si les conditions de vie sont agréables et saines pour l'homme, pénibles ou insupportables. Les précipitations dépendent des saisons. L'époque à laquelle les vents apportent la pluie et l'endroit où ils la déversent quand ils se heurtent aux montagnes, ne sont pas indifférents. Il importe également de savoir si une alternance régulière de périodes pluvieuses et sèches permettra les cultures comme nous les trouvons dans les savanes, ou si l'air gorgé en permanence d'une lourde humidité favorisera le pullulement sans frein des forêts toujours vertes. Sur les hautes terres, quelle que soit leur latitude, la chaleur presque intolérable s'atténue, les nuits sont fraîches, la malaria disparaît au-delà de 1 500 mètres, l'homme sent son activité s'accroître et son goût de la vie renaître.

RACES *Éthiopienne:* le nord de l'Afrique et le Sahara, l'Egypte et l'Afrique orientale sont dominés par la culture chamitique. Ses représentants sont les races éthiopiennes, cependant très mêlées aux souches méditerranéennes, de Cro-Magnon, sémitiques et négroïdes qui leur donnent leur caractère distinctif selon les régions (par exemple, les Chamites du nord : Maures, Foula, Touareg, les Chamites de l'est: Galla, Somali, Masaï, Watoussi). Malgré leur teinte de peau foncée, ces Éthiopiens ne sont pas des nègres. Grands, minces, ils ont un comportement nonchalant, agréable, des traits fins, sans prognathisme, le nez droit et mince, le crâne allongé. Ce sont des pasteurs intelligents aux instincts guerriers qui parcourent les steppes sèches en nomades. Dans les régions fertiles, ils vivent également avec les nègres qui exécutent pour eux les travaux manuels, construisent leurs maisons et cultivent leurs champs, besognes que méprisent les fiers Chamites.

Beaucoup de ces derniers ont fait irruption au cours des âges dans les territoires occidentaux et méridionaux des Noirs, puis, grâce à leur don particulier de l'organisation, se sont instaurés chefs des autochtones agriculteurs. C'est ainsi par exemple, que les Foula sont un rameau chamitique du Soudan occidental, qui se déplace avec ses troupeaux de bovins depuis le Fouta-Djalon (ancienne Guinée française) jusqu'au cœur du Cameroun, ne laissant pendant ces errances que les vieillards et les enfants dans les villages (cf. tableau page 221).

Le Nègre, que rendent si sympathique sa franchise et sa loyauté confiantes, habitant de la savane et de la forêt, depuis longtemps passé du stade de chasseur errant à celui d'agriculteur sédentaire, peut se diviser en quatre races principales :

a) dans les régions de forêts moins denses du Congo septentrional, de l'ancienne Afrique-Équatoriale française et de la côte guinéenne, vit le paléonégroïde trapu et vigoureux aux yeux enfoncés, au prognathisme marqué. (On le rencontre souvent associé aux pygmées des profondeurs de la forêt, ces petits hommes vraiment primitifs, nomades, vivant exclusivement de chasse et de cueillette, qui exécutent à l'occasion certaines besognes pour le compte des Noirs mais ne sont jamais prêts à abandonner leur liberté).

b) Les Noirs du Soudan, de haute taille (culture paléonigritique), des savanes septentrionales et

TABLEAU DES
RACES PAGE 221

c) les Bantou, plus petits, des savanes orientales et méridionales, ne font l'objet d'une distinction qu'en raison de grammaires différentes. Les deux types se confondent souvent, surtout sur le littoral de la Guinée où ils prennent le nom de semi-Bantou.

d) Un autre type de nègre est le Nilotique (également paléonigritique) du Soudan central et oriental. Sa stature haute et svelte, ses longs membres, son genre de vie (pastorale et agricole) révèlent une forte influence de l'élément éthiopien.

Les Boschiman qui ont autrefois parcouru de vastes régions d'Afrique en tant que prédateurs et couvert les parois rocheuses d'images mystérieuses symbolisant leur magie de la chasse, se rencontrent encore dans les profondeurs incultes du Kalahari (Afrique du Sud). Demeurés au stade le plus primitif de la civilisation prédatrice, ils mènent aujourd'hui une existence difficile et menacée.

Ce sont là les principales races de l'Afrique, qui ne se distinguent plus nettement les unes des autres que par leurs extrêmes, car les migrations et les croisements poursuivis pendant des millénaires les ont brassées, mêlées, et le processus se poursuit toujours.

Les traces de l'*homo africanus* remontent à la plus haute antiquité de l'histoire humaine. Des crânes et des ossements mêlés à des haches du type chelléen-acheuléen datant du paléolithique ancien, des restes humains au stade du pithécanthrope et des formes primitives du Néandertalien ont été exhumés en Afrique.

Des précurseurs des Éthiopiens ainsi que des négroïdes remontant au paléolithique récent, des restes humains protoéthiopiens ont été découverts à Oldoway et à Elmenteita en Afrique orientale ; d'autres, protonégroïdes, à Asselar, à quelque 400 km au nord-est de Tombouctou, et ailleurs encore.

Partout en Afrique, au nord-est et au sud, au Sahara, sur les côtes guinéennes et au Congo, nous trouvons des industries lithiques : coups-de-poing des époques les plus anciennes – leur taille indique qu'ils devaient être maniés par des hommes vigoureux – microlithes ainsi que haches emmanchées et autres objets manufacturés du mésolithique et du néolithique. L'âge de fer a commencé dans le continent noir vers 400 av. J.-C. (sans l'étape intermédiaire du bronze).

Le Sahara constitue bien une puissante ligne de démarcation entre l'Afrique blanche et la noire, mais il n'a jamais arrêté les caravanes qui l'ont traversé tout au long des siècles, allant d'oasis en oasis à la recherche des points d'eau. Les représentants des civilisations avancées de la frange africaine septentrionale, Phéniciens, Grecs, Romains, Byzantins, Maures et Berbères, ainsi que, par leur intermédiaire, les Sardes et les Étrusques, entretenaient des relations commerciales avec les Soudanais. Avec les biens matériels, les influences spirituelles pénétraient aussi dans le continent noir ; certains des peuples étrangers y firent irruption en conquérants fondateurs d'empires, déclenchant ainsi de nouvelles migrations. Ce sont les Berbères et les Foula qui, dans l'ouest du Soudan, ont créé les premiers empires féodaux connus.

A côté de l'axe nord-sud, la voie nord-est – sud-ouest a été également suivie par d'importantes migrations. Venues de la vallée du Nil, des vagues sans cesse renouvelées d'hommes et d'idées déferlaient, qui ouvraient le pays non seulement à l'influence du Proche-Orient, mais aussi à celle de la Perse et de l'Inde. Un puissant bouleversement constitue l'empire nubien de Napata-Méroé et sa monarchie sacrée avec laquelle les royaumes d'Ouganda, de Kaffa, du Monomotapa, de Barotsé, de même que ceux d'Afrique occidentale et du Congo, présentent une remarquable similitude. Une autre voie de migration importante traverse le centre du Soudan pour atteindre la région du Tchad puis, au-delà, les bassins du Niger et du Congo.

Les découvertes archéologiques et les récits des écrivains anciens prouvent que le continent africain n'a nullement passé les trois derniers millénaires dans la torpeur, mais au contraire qu'il a été secoué par des événements dramatiques. Cependant l'histoire mouvementée des empires anciens – les conquêtes, les invasions et les luttes fratricides qui se sont déroulées sur le sol du continent – n'a laissé que peu de documents artistiques. Le passé souvent turbulent de l'Afrique, avec ses nombreuses guerres locales, n'a été favorable à l'art que dans les périodes où des forces déchaînées se combinaient avec assez de bonheur pour faire jaillir une source d'inspiration créatrice, ou encore lorsque des empires nouveaux se formaient dont les chefs avaient une largeur de vues suffisante pour favoriser, à côté des techniques militaires, le développement culturel de leurs territoires en soutenant les arts – les arts qui ne peuvent s'épanouir vraiment que dans des périodes de paix prolongées.

Bien plus que le conquérant étranger, c'est l'autochtone qui est le véritable artiste africain. Les Noirs n'ont pris aux envahisseurs que les éléments qu'ils pouvaient incorporer à leurs propres conceptions. Beaucoup ont fanatiquement défendu leurs antiques traditions tribales, aussi bien contre l'Islam que, plus tard, contre le christianisme.

Les centres d'art de l'Afrique sont inégalement répartis selon les régions et les latitudes. Le touriste qui s'imagine trouver un masque précieux pendant son safari sera déçu, tout au moins s'il cherche quelque chose de mieux que le «souvenir» banal. Pour répondre aux exigences des Blancs, les Noirs inventifs ont organisé une véritable industrie de «l'article d'Afrique» pour laquelle ils fabriquent diligemment des sculptures «typiques». Le grand art religieux, là où il existe, reste caché au touriste, car il est circonscrit à des régions très nettement définies.

Il est dans la nature des choses que les nomades se chargent de moins d'ustensiles ménagers que les peuples sédentaires. Par contre, les célèbres peintures sur roche ne se trouvent, en règle générale, que dans les anciens territoires de chasse des Eurafricains de la steppe : Sahara, Fezzan, désert de Nubie, Afrique de l'Est et du Sud ; dans l'ouest, elles sont rares et dispersées. (Au reste, dans le cadre de l'*Art dans le Monde*, le vaste thème des peintures pariétales a fait l'objet d'un volume spécial: L'Age de Pierre.) L'art plastique figuratif – pour lequel l'Afrique noire est célèbre – n'a pas atteint chez tous les peuples le même degré élevé d'importance et de signification. Le don se traduit chez certains dans les peintures décorant les cases ou les poteries, chez d'autres, c'est la sculpture des masques ou le travail du cuivre qui est la spécialité dominante. Parmi les tribus paléonigritiques de l'est, la plastique ne fait que de rares apparitions ; par contre, elle est fort développée chez les Bantous sous le régime du matriarcat et atteint son apogée dans l'ouest du continent. Elle fait la célébrité du Soudan occidental, comme celle des régions qui s'étendent sur toutes les Guinées jusqu'à l'embouchure du Congo. Son importance décline dans le centre du Soudan, l'Oubangui-Chari et le nord du Congo, pour grandir de nouveau dans le sud et le sud-est de ce dernier Etat, ainsi que dans les contrées avoisinantes. Une enclave de l'art plastique est également constituée par les hauts plateaux sur les deux rives du fleuve Rovouma entre le lac Nyassa et l'océan Indien.

Les aires de répartition des arts plastiques africains font nettement apparaître des points focaux dans les régions de matriarcat, là où la femme occupe une position sociale prééminente. Tout aussi évidente est la concentration de la production artistique dans quelques antiques empires féodaux non islamiques. Les liens très étroits et très forts entre l'art et la civilisation sont indéniables : celle-ci est la terre nourricière dans laquelle l'inspiration puise sens et substance. Comme les civilisations africaines ne sont nullement uniformes et que bien d'autres facteurs interviennent en dehors du sceau apposé par un style défini, des différences considérables apparaissent suivant les localités à l'intérieur d'un même groupe de cultures. Dans cet ordre d'idées, je prie instamment mes lecteurs de ne jamais tenir pour générales et exclusives les conclusions qu'il m'arrivera de dégager dans cet ouvrage ; dans le domaine de l'art africain, les exceptions sont presque aussi nombreuses que les règles, tous les exemples de style cités pourraient être complétés par des douzaines d'autres et il faut sous-entendre des *etc.* partout.

III. LA RELIGION

De quelle nature sont la conception du cosmos et le contenu de la religion qui ont insufflé à l'art africain une telle puissance et une telle grandeur ? Nous avons le bonheur, aujourd'hui, de pouvoir trouver dans le livre d'un Franciscain belge, le père Placide Tempels, «Philosophie bantou», l'explication admirablement claire d'une pensée qui paraît si complexe. Elle s'appuie sur une expérience personnelle longue de dizaines d'années, se distingue par une immense puissance de compréhension et se trouve justifiée grâce à d'innombrables déclarations d'indigènes. Herskovits et d'autres savants confirment les conclusions de Tempels pour les régions de l'Afrique occidentale qu'ils ont étudiées. De même, mes propres expériences dans le nord de la Nigeria (Afo) concordent avec les opinions du Franciscain. Ce qui paraissait vague et confus dans les relations anciennes s'intègre en un système lourd de sens chez Tempels. Comme son étude touche également à la fonction de l'art, qu'il nous soit permis d'en donner les grandes lignes.

Pour ses recherches, il a choisi le concept «philosophie», car il lui était apparu clairement qu'il s'agit bien chez le Bantou d'une pensée abstraite, de la connaissance du moi, de la métaphysique et de l'éthique, d'une ontologie à prendre fort au sérieux, et qu'il ose opposer à la nôtre en tant que philosophie magique. Au centre, on trouve le concept de la force vitale, une énergie universelle, omnipotente, autour de laquelle tournent toute pensée et toute activité. Sa loi est la suivante : la vie doit être vécue en force, seule la force agissante est l'être et l'être est force. Les autres concepts s'intègrent organiquement à celui de la force vitale. Le développement vital signifie que l'être peut devenir plus fort ou plus faible. L'effort essentiel du Bantou est donc consacré à acquérir et à posséder beaucoup de force.

Influences sur la vie : la force peut agir sur la force. La maladie et la mort sont en dehors du domaine de la volonté humaine, elles agissent sur notre vie à partir d'une autre sphère d'influence, plus puissante. Échelons dans l'ordre vital : les forces sont disposées dans un ordre hiérarchique, celles des degrés les plus élevés agissant sur les autres. Mais au-dessus de toutes règne Dieu, à la fois esprit et créateur, le sage suprême, qui possède la force en lui-même. Il donne existence et subsistance aux autres forces ; il les accomplit. Après lui viennent par ordre de grandeur les ancêtres de la tribu, le premier couple à qui Dieu a infusé la force vitale. Créatures supérieures, spiritualisées, ils forment le trait d'union entre Dieu et l'homme. Suivent les autres morts. Parmi les vivants, ce sont les plus âgés de la tribu qui possèdent la plus grande part de force vitale. L'homme, égocentrique, se tient au centre de la création; mais au-dessous de lui, les animaux, les plantes, les minéraux ont aussi droit à la force.

Magie «Ce que nous appelons magie, écrit Tempels, n'est rien d'autre pour le Bantou que l'utilisation des forces de la nature que Dieu met à la disposition de l'homme pour accroître sa puissance vitale.» Au moyen de ce dynamisme de la puissance, l'homme est chargé de la haute responsabilité d'une participation à l'accroissement de la force vitale et libre de choisir entre un bien d'un ordre plus ou moins élevé, entre le bien et le mal. Il en résulte une éthique, la profonde conscience du droit et de l'équité qu'a le Bantou. Le mensonge et la trahison, le vol et les abus sexuels, mais surtout les pratiques de magie destinées à nuire sont sévèrement condamnés. La mauvaise volonté gêne la force, trouble l'ordre de l'univers et provoque la vengeance. C'est pourquoi rien ne tient plus à cœur au Bantou que le rétablissement de l'ordre par le moyen de sacrifices expiatoires et la purification ontologique du village. Tempels va jusqu'à écrire: «L'homme non civilisé est extraordinairement conscient de son droit d'homme. Les Bantou païens sont plus proches de la chrétienté que l'Europe chrétienne. Ils veulent être unis dans l'amour à toute vie.» C'est là-dessus que repose tout le principe de l'*ego* qui demeure même quand l'homme retombe sans cesse dans ses faiblesses et met en danger la pureté de sa conception de l'univers par des abus de toute sorte.

La connaissance de cette conception éclaire d'un seul coup maintes manifestations demeurées jusqu'à présent obscures et énigmatiques. Elle explique la nécessité d'actes cultuels pour intensifier la force, rétablir l'ordre troublé. Toutes les créatures, même celles qui sont mortes, tous les êtres, toutes les choses, sont unis par une étroite communion puisqu'ils participent tous à une seule et même force éternelle. C'est à ce domaine commun qu'appartient aussi, en qualité de symbole, la sculpture. Dans ce système, la connaissance du moi fait partie intégrante de la religion, au service d'un Dieu créateur transcendantal – qui donne la vie et préserve les valeurs de la morale. Parmi les hommes qui vivent consciemment leur religion, il y a, aujourd'hui encore, des personnalités de premier plan, capables d'assumer les plus hautes responsabilités et à côté d'elles, comme dans toutes les communautés religieuses, ceux qui trébuchent et renoncent. J'ai eu moi-même l'occasion de rencontrer, parmi les Afo et les habitants du Soudan occidental, des Noirs dont le comportement témoignait d'une admirable grandeur de caractère. J'ai vu avec quel authentique recueillement ils imploraient leur Dieu et avec quel abandon confiant ils se tournaient vers les puissances invisibles. Ce faisant, le Noir n'en abandonne pas pour autant ses conceptions d'un créateur unique ; mais Dieu se manifeste dans un panthéon de divinités plus ou moins grandes : les Afo se nomment eux-mêmes «fils de Dieu». Des éléments de sa puissance vitale sont visibles dans les héros divinisés, dans les forces de la nature personnifiées, dans les ancêtres. La force du grand Dieu anime chaque parcelle de la matière dont l'univers est fait (animisme) «Dieu vit dans chaque corps», dit le Noir. «Le cœur est Bouddha», dit l'Hindou. Tous les caractères susceptibles d'être bénéfiques pour l'homme sont mobilisés dans le dessein de renforcer la puissance vitale et représentés symboliquement. Le prêtre ou sorcier joue le rôle de guide terrestre des actes religieux. Il est choisi par le conseil des Anciens ou quelque société secrète en raison de ses qualités spirituelles particulières – clairvoyance, sensibilité, intelligence – pour occuper cette position chargée de responsabilités. D'ailleurs, il n'est intronisé qu'après une longue période de préparation, des épreuves nombreuses qui déterminent son degré de maîtrise de soi et de courage sous la direction d'un maître éprouvé qui l'initie à l'étude des pratiques de la thérapeutique, des propriétés des plantes et des minéraux.

Le maître transmet également à son disciple ses connaissances et expérience dans les rapports avec les puissances supraterrestres. Souvent, c'est le forgeron, dont le maniement du feu fait surgir dans l'esprit des images magiques, qui remplit aussi l'office de prêtre. Le bon sorcier agit, grâce à sa forte personnalité et à son intelligence, dans l'intérêt de la communauté tout entière ; le mauvais se laisse parfois entraîner par les circonstances et abuse de son gigantesque pouvoir. S'il est intelligent, il peut, par exemple, projeter son esprit la nuit dans le royaume des morts pour contempler les dieux en rêve, interpréter leurs signes et entendre leur voix. Selon la théorie de Tempels, il peut reconnaître le jeu des forces, le guider et l'influencer ; il peut servir de médiateur à la puissance et déterminer, au moyen de l'oracle, le moment propice à l'action. Il est consulté par tous ceux qui sont en difficulté et tient tous les fils dans sa main. Il exhorte, avertit des dangers, veille au maintien de l'ordre et décide de l'avenir. Sa connaissance des problèmes du village, son don de pénétration, sa science médicale liée à sa puissance de suggestion, lui assurent le succès. Il protège, guérit, chasse les mauvais esprits. Se dérober à ses injonctions serait présomption folle. Son sérieux, son action judicieuse inspirent confiance à ses protégés. Le rituel achevé, ils rentrent chez eux soulagés et libérés : leur attitude joyeuse indique qu'ils ont purifié leurs rapports avec les «fils de Dieu». Un village nègre ne se trouve pas constamment sous la menace des démons comme le croient tant de missionnaires. Le sorcier est de taille à se mesurer avec eux et sait quelles mesures leur opposer. Fin psychologue, il entoure ses interventions d'un rituel et d'une mise en scène (avec costumes) destinés à souligner sa propre dignité et à l'auréoler du fluide qu'exhale le mystère.

L'indigène distingue nettement entre magie blanche et magie noire, entre l'action des bons sorciers et les sinistres pratiques des mauvais – des démons qui préparent leurs maléfices dans l'ombre, commettent leurs forfaits nocturnes sous les apparences de panthères ou de serpents et dévorent les âmes de leurs victimes. Il les redoute et de nombreux masques servent à se défendre contre eux.

L'ART AU SERVICE DE LA RELIGION

L'art, expression visible de l'invisible et du surnaturel pour le Noir, est tout particulièrement propre à être incorporé aux divers actes du culte. Les sculptures les plus importantes sont exécutées par le sorcier, le forgeron ou quelque artiste indépendant, qui doit être profondément pénétré de la haute fonction religieuse de son œuvre. Conscient de créer pour l'esprit, en tant qu'émanation de Dieu, un support transitoire, il se consacre à son exécution avec une intense concentration. La vision l'inspire; l'héritage spirituel transmis par les antiques traditions et préservé par la communauté constitue la base sur laquelle il prend son élan. Nombreuses sont les règles qu'il doit respecter pour rendre l'œuvre propre à remplir sa fonction.

La figuration des ancêtres

Le Noir ne se représente pas le grand Dieu sous forme d'image; mais aux fils de Dieu, par contre, surtout au couple ancestral de la tribu, il prépare une demeure digne d'eux par ses œuvres d'art. Il voit ces premiers mortels plongés dans le repos le plus complet et le plus noble, les bras sur le ventre, sur les genoux ou sur la poitrine, allongés ou accroupis à peu près comme on enterre les défunts. Pourtant, ils sont représentés sous l'aspect d'êtres irréels, souvent avec une grosse tête où se concentrent les forces spirituelles, ou un nombril proéminent, en tant que centre de vie ayant relié la mère à l'enfant. La figure est dotée de frisures, de tatouages et d'emblèmes distinctifs, de manière que l'ancêtre se reconnaisse en elle et l'habite avec joie. On ménage de petites fentes pour les yeux, car l'ancêtre doit pouvoir encore voir et agir. Il est rare qu'il présente un aspect effrayant, car c'est un ami, bien disposé, qui dispense protection et bénédiction. Cette figure n'est pas un fétiche mais une allégorie, une effigie, le siège de forces surnaturelles; un mort, certes, mais un mort qui met sa force à la disposition des vivants.

Le prêtre connaît les procédés voulus pour appeler l'esprit. Claquettes, cloches et chants le supplient de venir résider dans son image. S'il honore celle-ci de sa présence, elle est remplie de sa force qui se transmet automatiquement aux assistants. Pour inciter l'esprit à y demeurer, il faut que l'image soit aussi belle que possible : «bonne», dit le Noir, pour qui beauté et bonté sont deux concepts à peu près identiques. Pour les fêtes, il orne la sculpture de perles, l'oint de *tukula*, la saupoudre de noix de kola hachée et s'efforce de la divertir au moyen des danses les plus variées. Sa vitalité est renforcée par de nombreux sacrifices ; les âmes mortes lapent le sang répandu sur la figure et s'établissent ainsi solidement en elle. Les premiers fruits de la récolte lui sont offerts, une partie du butin de la chasse lui est réservé et elle reçoit aussi son tribut de bière fraîche. La figure de l'ancêtre est le médium par l'intermédiaire duquel le Noir s'entretient avec l'esprit et auquel il présente les demandes les plus variées. Pour y répondre, le Pomdo des Kissi s'incline, la figure de l'Ijo tremble et à Meineid, celle de l'esprit des Bakoundou oscille[1].

C'est à la figure de l'ancêtre en tant que siège des géniteurs de la tribu que s'adressent les prières pour la fécondité. La mère du clan devient le symbole de la bénédiction que représentent les enfants, et plus tard de la fertilité en général, car le souhait de tout peuple d'agriculteurs, c'est un champ producteur de riches récoltes. A tous les stades de la culture on implore son assistance. Les femmes qui désirent un enfant s'attachent une figure de la mère ancestrale sur le dos. On en donne une aux jeunes filles pour qu'elles deviennent fécondes, les femmes stériles en font sculpter une pour avoir la possibilité de vivre en elle (Figures de jumeaux). PAGES 121 ET 189
Les grandes statues, propriétés communes du village, sont, en règle générale, confiées au prêtre, conservées dans la case sacrée et sorties pour les cérémonies. On les place souvent sur les tombes où le Noir va volontiers se recueillir pour demander conseil. Les plus petites ont une place d'honneur dans la maison, en tant que figures protectrices personnelles et sont considérées comme propriété privée. Elles sont souvent inhumées avec leur possesseur. Aux cérémonies, on les porte hors de la demeure pour qu'elles se chargent d'une vie nouvelle.

A côté des ancêtres de la tribu, d'autres grandes personnalités du passé sont également divinisées : les héros de la mythologie et les fondateurs d'États ou de dynasties, à qui l'on attribue des actions d'éclat pour le bien de la communauté et qui sont dotés d'attributs spéciaux (par exemple, Odudua et Shango, ou les rois bakoubas légendaires). *Héros de la civilisation*

[1] Bibl.: Sydow-Kutscher

Le fétiche La différence entre la petite figurine d'ancêtre personnelle, qui étend régulièrement sa protection sur le Noir, et le fétiche n'est pas tranchée. Le fétiche est un objet doté, dans un dessein très déterminé, d'une force magique qui peut être offensive ou défensive. Il écarte les démons de la maladie, protège pendant les voyages, au moment des naissances, à la guerre et à la chasse. Partout où règne le danger et où de mauvais sorciers que l'on ne pourrait vaincre par des moyens naturels menacent dans l'ombre, le fétiche entre en action.

Parmi les millions qui existent en Afrique, étranges et souvent repoussants, il en est peu qui possèdent une valeur artistique quelconque. Ils n'ont pas de haute fonction religieuse à remplir ; c'est le plus souvent le sorcier qui les façonne, et il est rare qu'un artiste perde son temps à cette tâche. Si un fétiche se révèle impuissant, il est fustigé, rossé, détruit, ou donné aux enfants en guise de jouet. Par contre, il arrive aussi que l'un d'eux doive être dépouillé de sa force quand un étranger veut l'acheter.

Représentation plastique des animaux Quand nous savons que pour un Noir l'animal – bien qu'il n'en soit pas dépourvu – occupe dans la hiérarchie des forces un rang très inférieur à celui de l'homme, nous ne nous étonnons plus que sa représentation plastique soit l'objet de moindres égards que celle de la forme humaine. Elle existe, mais réduite à une fonction subalterne : esprit protecteur et gardien, incarnation ou symbole d'une force définie (par exemple le bélier en tant que dieu du ciel, les dieux et héros à tête d'animal en Côte-d'Ivoire et au Dahomey). Les animaux interviennent aussi dans les masques et les costumes, pour agir, parler, exorciser.

La plupart du temps, ce sont les caractères spécifiques de la bête qui sont représentés, par association avec des concepts abstraits. La robustesse est symbolisée par le buffle, le crocodile, l'éléphant, l'hippopotame, le chien, la panthère et le sanglier ; la bravoure par l'antilope cheval ; l'agilité et la rapidité par le serpent et le lézard ; la tortue garantit une longue vie. Et en Afrique aussi la croyance dans les hommes-animaux nourrit la conviction que les mauvais sorciers se changent la nuit en bêtes de proie féroces. Souvent le singe représente un défunt, ou alors il joue les bouffons ; mais chez les Baoulé, Gbekré, le dieu-singe, est le juge des âmes. L'oiseau, qui vole dans le ciel, est, de ce fait, l'intermédiaire entre notre monde et l'au-delà.

PAGE 72 De nombreux animaux sont incorporés aux mythes (araignée, caméléon). Le thème de l'animal secourable, protecteur, remonte au mythe de la création, dans lequel ceux-ci apparaissaient comme sauveteurs des fondateurs de la tribu, ou apportaient de grands bienfaits à cette dernière. Plutôt que d'un authentique totémisme, la représentation de l'animal en Afrique procède d'un besoin de force et de protection. Il est possible que les réminiscences des époques prédatrices passées, avec leurs grandes chasses, jouent également un rôle.

L'artiste ne cherche presque jamais à représenter l'animal en tant que tel. Ce serait dénué de sens. Au lieu de cela, le Noir fait appel au genre animal dans son ensemble, en élevant ses caractéristiques au rang de symbole. Souvent même il combine celles de plusieurs espèces différentes pour atteindre un degré de puissance plus élevé : c'est ainsi que le masque Banda des Baga est un mélange d'homme, de crocodile et d'antilope. L'Anok, oiseau à l'origine, se met soudain à avoir des dents au bec et se change en crocodile, mais en gardant un visage humain. Les Bambara dotent leurs antilopes d'attributs pris aux animaux les plus divers, par exemple la queue d'un caméléon.

De nombreux fétiches à miroir et à clous des Bakongo, ainsi que des objets du matériel de divination chez les Bakouba sont en forme d'animaux. Des motifs empruntés à la zoologie apparaissent dans les bas-reliefs, les peintures sur les murs et les portes des maisons, voire même sur les appuie-tête, les métiers à tisser, les coupes de sacrifice, les tambours, les flûtes et les couvercles. En cas de maladie, les Bahouana remplacent la porte habituelle, en nattes, par un panneau de bois portant un lézard, symbole de vie.

Si nous nous trouvons, avec les figurines d'ancêtres, en présence d'un principe statique, le masque, lui, représente un aspect dynamique. Chaque fois que l'homme se sent menacé par des démons qu'il ne pourrait dominer par ses moyens naturels, il appelle à l'aide active les bons esprits par le truchement de sacrifices et d'exorcismes. Mais un grand déploiement de faste, une mise en scène minutieuse sont indispensables pour créer pendant le rite nocturne, grâce à un costume fantastique, le sang des victimes et le rythme des tambours, l'atmosphère fiévreuse et tendue à l'extrême qui permettra aux esprits de se manifester par l'intermédiaire du masque. Entièrement subjugué par sa foi, le porteur de masque se sent pénétré et métamorphosé par la force de celui-ci. Au bout d'un temps assez long, il est plongé dans l'extase et commence à jouer le rôle de l'esprit invoqué. Il parle d'une voix qui n'est plus la sienne, transmet dans un langage secret le message reçu pendant l'hypnose et décrit les rites de l'exorcisme au moyen de pas étranges. En cet instant, tout lui est dû ; aucune de ses exigences ne doit être repoussée, ainsi le veut le droit du masque.

Masques

Chez les Basongué, autrefois, un sacrifice humain était nécessaire pour évoquer la force divine (Pl. 54) et dans le nord-est du Libéria, le rituel exigeait qu'un masque qui n'avait pas rempli son office au combat fût renforcé par ce même moyen. Mais par la suite, on eut recours à une ruse : on sacrifia une vache à la place de l'homme qui se contentait de l'oindre avec quelques gouttes de sang prélevées sur son front[1]. Les chasseurs de la Nigeria pratiquent des ablutions particulières et offrent des sacrifices avant de revêtir leur masque. Ils croient qu'ils mourraient, s'ils portaient le costume rituel sans en être dignes. Chez les Mendi, la femme qui représente le démon Bundu se couvre soigneusement le corps, les mains et les pieds pour ne jamais entrer en contact avec le Grand Esprit, car il possède une effroyable force dévorante.

Ces masques puissants sont utilisés lors des actes cultuels importants, avant tout aux funérailles, pour chasser Nyama, la puissance vengeresse, cet élément de l'âme mi-matériel mi-irréel qui a souvent une signification menaçante[2]. Mais ils apparaissent aussi dans le rôle pacifique de morts métamorphosés pour s'entretenir encore avec les vivants ; car maintenant, leur message, venu de l'au-delà, a du poids. On invoque les esprits au moment de la récolte, surtout pour les remercier ; on les invoque avant les semailles pour que les champs soient féconds. On leur demande la pluie lors des grandes sécheresses et leur sentence au moment des ordalies. Les masques avec des seins sur le front ou les joues promettent la fécondité (Gio, Bafoum). Dans le sud de la Nigeria, les membres des sociétés secrètes jouent des drames dans lesquels les âmes du royaume des morts sont incarnées par des danseurs masqués. Chez les Pangwé, ce sont des marionnettes qui remplissent cet office. Aujourd'hui, ces rites sacrés, sévères et rigides, se sont transformés dans bien des endroits, en jeux joyeux ; les masques servent à faire des farces et à effrayer les enfants, les marionnettes jouent des comédies comiques (Ibo, Ibibio, Bambara). Mais pourtant, même quand tout le monde sait qui se cache sous le costume, même quand les femmes sont autorisées à regarder le spectacle (de loin, bien entendu) et quand les porteurs de masque exécutent mille bouffonneries et cabrioles pour divertir l'assistance, une ombre de leur jouissance démoniaque originelle plane encore sur eux.

Objets du culte Les représentations figuratives font partie intégrante des nombreux objets du culte aux mains du sorcier, du membre de société secrète et du porteur de masque. Car le plus souvent, qu'ils soient grands ou petits, ils sont considérés comme le symbole de la force vitale, grâce à quoi ils confèrent aux objets la puissance nécessaire à l'accomplissement de leur fonction.

Bibl. : [1] Harley
[2] Baumann, Nyama.

22

Quelques exemples : un bâton pour appeler les dieux (Shango) des sonnettes, des tambours et des cloches pour attirer leur attention, des chasse-mouches, des coupes et des gobelets pour les offrandes et les libations, le matériel de divination, etc. Le danseur des Bambara chevauche un cheval de bois, ou parfois aussi un oiseau. Cornes, couteaux sacrificatoires, cuillers et bâtons, tout objet, quand il sert dans les cérémonies, peut être rendu plus riche et plus beau par des symboles de force.

IV. LA SOCIOLOGIE

La religion est la génitrice de tout l'art nègre. Mais les mœurs et les coutumes de la collectivité, la vie quotidienne dans le village, lui ont apporté aussi leur tribut et inspiré aux créateurs des formes nobles et admirablement adaptées à leur fonction.

Pour des peuples sans écriture, l'art est le moyen d'expression le plus naturel, la langue que tous comprennent. Il retrace l'histoire de la tribu, les mythes et les légendes d'un passé fabuleux. Il confère aux cérémonies rituelles la dignité nécessaire et souligne la gravité d'un jugement. Le juge, sous son masque sacré, possède une force divine en présence de laquelle nul n'ose mentir et toutes les querelles s'apaisent. Les masques

PAGES 95, 156

forcent à l'obéissance et inspirent également une certaine peur – les femmes se soumettent, les débiteurs négligents paient, la fidélité conjugale est sauvegardée. La police fait usage des masques auréolés de mystère pour inspirer le respect. Lors des ordalies, la figurine Minsereh des Mendi fait un signe de tête et le châtiment tombe chaque fois sur le

PAGE 92

Sociétés secrètes

coupable.

Le principe de l'ordre dans la collectivité est maintenu, dans la plupart des régions, par des sociétés d'hommes éprouvés – exceptionnellement de femmes. Chez les uns, ces groupements sont très fermés et l'on ne peut y être admis qu'après des épreuves et des sacrifices très durs ; chez les autres au contraire, ils englobent tous les hommes en état de porter les armes, l'âge et les mérites donnant toutefois lieu à des distinctions. Tous se réclament de la puissance qui leur est confiée par les grands esprits. Leur chef est l'un de ces derniers qui apparaît sous un masque dans les occasions importantes, ou bien réside dans la figurine de l'ancêtre, farouchement résolu à ce que la tradition soit respectée et l'ordre maintenu – cet ordre qui seul peut répondre du bonheur et de la réussite de la tribu.

Initiation

C'est ainsi que les anciens de la tribu continuent à agir, génération après génération. Ils transmettent l'expérience acquise aux jeunes par le moyen de l'initiation, par le bon exemple et surtout par ces écoles de brousse que dirigent les prêtres et où tous les futurs membres de la tribu apprennent les devoirs, les lois et les coutumes de celle-ci. Sculptures, peintures murales, proverbes et chants constituent le matériel pédagogique. Dans le nord-est du Libéria, les jeunes postulants sont mis en présence de masques et contraints de combattre, avant de connaître leur mystère et d'avoir la permission d'endosser leur costume. Dans toutes les régions où masques et sociétés secrètes jouent un rôle dominant, on célèbre une fête symbolique pour clore l'enseignement de l'école et marquer en même temps que les jeunes sont désormais acceptés dans la communauté des adultes ; cet événement est solennisé par de superbes danses de masques et des chants qui s'achèvent assez souvent en orgies déchaînées. L'instant est venu de montrer à ces jeunes, qui ont atteint l'âge de la puberté et donc du mariage, les devoirs qui les attendent : celui de se séparer de leur mère et d'assurer la continuité du clan. Un acte aussi important ne peut qu'être l'objet d'une fête, selon la psychologie nègre. Les épreuves imposées par les sociétés secrètes sont rudes. Le silence est un devoir, le Grand Esprit est la force suprême et son arme, le poison. Les anciens qui possèdent plus de sagesse et se trouvent plus près des ancêtres que personne, savent s'assurer le respect et l'obéissance des jeunes et les diriger vers l'accomplissement de toutes leurs tâches. Dans ces régions, la question de la retraite des vieux ne se pose pas !

Ainsi les sociétés servent avant tout la cause de l'éducation, de l'ordre et de la morale. Leur influence sur le comportement du peuple est immense. Le souverain lui-même doit se soumettre à la société secrète, ce qui met un frein à sa puissance, contrairement aux pays de royauté sacrée où les sociétés sont remplacées par la noblesse et les hauts dignitaires. Des masques spéciaux sont la marque du grade et du prestige des membres de ces groupes (Ekoï, Waléga).

Rites de passage

Masques et sculptures, en tant qu'expressions visibles de la force vitale surnaturelle, accompagnent le Noir tout au long de sa vie dont la conception, la puberté et la mort constituent les étapes principales. Le prestige de la femme croît avec sa fécondité ; c'est pourquoi, lors des sacrifices propitiatoires, on prie la statue représentant la mère et l'enfant d'accroître la force des époux. Par couples, les Tyi-wara antilopes dansent dans les champs, car c'est une seule et même force qui fait prospérer hommes, plantes et animaux. A l'école, lors de l'initiation, pendant l'exercice d'une profession ou de la justice, à la guerre, toujours les sculptures sont là. Elles procèdent d'une nécessité collective, car elles confèrent sens et ordre à l'univers du Noir, règlent ses rapports avec les puissances supraterrestres, le libèrent de tout sentiment de culpabilité et de toute angoisse, assurent enfin son défoulement par des jeux burlesques.

PAGES 95, 185

Division du travail

Les travaux sont rigoureusement répartis selon les sexes, et accomplir une tâche appartenant au sexe opposé est considéré comme une honte. De même, à l'intérieur d'une collectivité, le métier d'artiste n'est exercé que par l'un d'entre eux. Dans la plupart des régions, la construction des cases est effectuée par les hommes, de même que le travail de la forge, la sculpture et la vannerie. Les femmes – surtout dans l'Ouest – font les poteries, filent et teignent. Au Soudan, ce sont les hommes qui tissent ; dans certaines parties de l'Afrique occidentale et au Congo, par contre, ce sont le plus souvent les femmes. Quand elles façonnent la poterie, elles se chargent également des bas-reliefs ornant les murs des cases, alors que les hommes se dessaisissent bien rarement du privilège de modeler les figurines d'argile destinées au culte.

L'artiste En général, l'artiste jouit d'une grande considération à l'intérieur de sa tribu. Il se conforme à une nécessité sociale en œuvrant pour intensifier la force vitale et dispense prestige, beauté, joie. Cependant, sa situation n'est pas partout la même. Dans beaucoup de tribus, le travail artistique n'est rien d'autre qu'une occupation secondaire par rapport à l'agriculteur. Pendant la période sèche, alors qu'il n'y a rien à faire dans les champs, le Noir travaille volontiers par nécessité et échange ses œuvres contre d'autres biens. Des aptitudes spéciales, jointes à l'attrait du gain, le conduisent rapidement à la spécialisation. La collectivité est alors toute prête à le décharger des soucis matériels pour qu'il puisse exercer ses talents même pendant la saison des pluies.

Peu à peu, de véritables entreprises familiales s'organisent, qui gardent jalousement les secrets de leur technique et ne les transmettent qu'à leurs descendants. Finalement, ce sont des villages entiers ou des castes qui se spécialisent dans un domaine de l'art. (Les Béna-Mpassa fournissent tous leurs masques aux Basongué.) Pour aller trouver une célébrité, on ne recule souvent devant aucun voyage.

Les artistes occupent un rang social tout à fait déterminé selon leur spécialité. Il est intéressant de noter la position curieuse du forgeron, à qui l'on attribue une puissance magique en raison de ses rapports avec le feu. Souvent, il fait également fonction de sorcier, de chef, de créateur des figurines sacrées, alors que sa femme modèle des poteries. Chez les Noirs de l'Afrique occidentale et les Bantou, au sud de l'équateur, le forgeron est très estimé. Par contre, chez les Chamites de l'Afrique orientale et dans certaines régions du Soudan occidental ainsi que du Sénégal, on le considère avec un léger mépris ; ses semblables sont même isolés dans une PAGE 69 caste et n'épousent que les filles d'autres familles de forgerons.

A la cour des rois, le sculpteur appartenait à la plus haute noblesse. Comme insigne de dignité, les Balouba lui permettaient de porter une hache ornée d'une tête – seul le souverain en avait une semblable – et les Bayaka lui décernaient un titre nobiliaire.

Si un jeune homme fait montre de dispositions particulières pour la sculpture, il se rend auprès d'un maître reconnu qui lui enseigne son art moyennant quelques cadeaux. Pratique et imitation du modèle sont les bases de cet apprentissage. Devenu indépendant, le jeune homme remettra encore pendant un an une partie de ses gains à son maître. Dans son travail, il lui faut suivre des règles bien définies ; l'œuvre ne doit pas être, en premier lieu, l'expression de sa fantaisie personnelle, mais se conformer aux lois édictées par la tradition et les conceptions de la collectivité. C'est seulement alors qu'elle possédera la force qui sera bénéfique pour toute la tribu. Pourtant, malgré ces restrictions, le créateur trouvera bien le moyen de faire montre de subtilité, de sublimer les éléments provenant de son apport personnel et de séduire le spectateur.

La sculpture n'est pas un jeu. Un bon artiste prend sa tâche très au sérieux, car pour lui l'exécution d'un objet du culte est une manière d'invocation empreinte de ferveur. Avant de commencer le travail, il se soumettra à une purification rituelle, observera l'abstinence, puis se retirera dans la solitude de la brousse pour s'adonner à sa tâche loin de tout curieux, avec un maximum de concentration. Sans cesse nous l'entendons dire qu'il lui faut réfléchir intensément, que son travail est épuisant et qu'il préférerait bien aller dans les champs avec les autres. Mais quand il est transporté par une vision, un rêve l'inspire et il est poussé malgré lui à lui donner forme. Une vocation authentique, alliée à un goût marqué pour le travail sont les conditions requises pour obtenir qualité et réussite. Le danger est toujours présent, bien sûr, de voir la routine amoindrir l'amour et le soin, la possibilité du gain modeste conduire à la décadence et à l'affadissement, surtout là où les croyances traditionnelles sont diluées par des influences étrangères. Mais le nom des grands artistes demeure longtemps dans la mémoire des hommes et la célébrité d'une œuvre rejaillit toujours sur son créateur. C'est ainsi que William Fagg a réussi, chez les Yorouba, non seulement à déterminer le style des différentes localités, mais même le nom des artistes. Bamgboyé, par exemple, l'auteur de compositions sculpturales majestueuses dans le genre des masques Épa, a commencé par être prêtre d'Ifa, puis il a été choisi comme maître d'une école d'art indigène, ce qui lui a fait perdre, malheureusement, beaucoup de sa vivacité primitive.

Dans les régions où le roi, semblable à un dieu, est assis sur son trône, entouré par tous les insignes de la puissance et de la pompe temporelles, l'art perd ses assises religieuses. De sacré, il devient décoratif. Au lieu d'assumer une haute signification spirituelle, il sert des buts pratiques. Le roi l'utilise pour la glorification de sa propre figure et de ses actes (Bénin, Dahomey, Bakouba) ; il fait édifier des salles imposantes et s'entoure des attributs de sa dignité : trônes, tambours, couronnes, scep-

Cérémonial à la cour des rois

tres, haches (Pl. 56), pipes. Le souverain monopolise aussi des domaines entiers de l'art comme le polissage des perles et la fonte des métaux précieux. L'artiste ne vit que du mécénat de la cour et doit faire concorder ses conceptions personnelles avec les désirs du roi. Mais celui-ci rivalise avec les guildes d'artisans pour honorer l'habile créateur des plus hautes distinctions ; en effet, à une cour où le besoin de beauté grandit avec le raffinement des mœurs, auprès d'un souverain qui sait distinguer parmi des douzaines d'œuvres médiocres, celle que transfigurent le fini de l'exécution, l'harmonie du rythme et la richesse des détails, la réussite artistique est appréciée à sa juste valeur.

V. LES MATIÈRES ET LES TECHNIQUES

Lorsque l'on songe combien sont lentes, laborieuses et incommodes les techniques dont dispose l'artiste noir, ses réussites paraissent d'autant plus admirables. Tout est fait à la main, au prix d'un travail minutieux et d'une patience pleine d'amour. L'indigène utilise avec la plus grande habileté les matériaux à sa portée. Les exigences de la technique sont surmontées comme en se jouant, traitées en éléments du décor, et les difficultés des combinaisons vaincues avec élégance. Rien ne donne une impression tourmentée, même quand des motifs empruntés à une certaine technique sont appliqués sur une matière qui lui est étrangère (motifs tressés sur du bois, du cuivre, etc). Le Noir reconnaît la valeur décorative des matières simples quand il les trouve autour de lui et sait leur donner un caractère ornemental. Dans les régions boisées et les savanes humides, il se sert des fibres végétales, des graines, des noix et de l'ivoire ; les pasteurs travaillent de préférence le cuir. Il se sert aussi volontiers de ce que les pays étrangers lui ont apporté : cauris de l'océan Indien, symbole de fécondité et de richesse, métaux de toute sorte, perles de verroterie étincelantes vendues en Afrique depuis l'Antiquité.

Matières

Des associations spirituelles du plus haut intérêt apparaissent dans l'usage des divers matériaux : par exemple, le travail de l'argile au Soudan, l'art extrêmement raffiné du bronze dans les régions de royauté, le métier à tisser vertical en Afrique occidentale, celui des hommes, horizontal, au Soudan, ou les diverses techniques du tressage chez les Chamites et les Noirs. L'artisanat a reçu une puissante impulsion du fait des souverains avides de faste ; leur mécénat est à l'origine de la formation de guildes entières. Des relations commerciales fort étendues, la civilisation des caravanes à travers le Sahara et le Soudan ont introduit des techniques inconnues et éveillé des impulsions nouvelles.

Le choix de certaines matières et leur aire d'extension reposent souvent sur des conceptions traditionnelles religieuses, sur les liens mystiques entre l'homme et la nature. Les dents et les cornes d'animaux très forts transmettent la force, de même que le bois de l'arbre où habitent des esprits. La crainte des forces libérées par la technique commande l'accomplissement de certaines prescriptions avant chaque travail : isolement, jeûne, continence, sacrifices et prières. L'artiste offre un sacrifice sur les lieux de son travail avant chaque nouvelle phase de celui-ci et fait bénir son œuvre par un prêtre.

BOIS   Le bois est de loin la matière que le Noir aime le mieux travailler : non pas substance morte mais, pendant tout le processus de création, être vivant que l'on fait souffrir en le frappant et le taillant, ce pourquoi l'on demande pardon à l'esprit de l'arbre. De là les nombreux rites qui accompagnent la sculpture sur bois. La technique employée dépend de la dureté de la matière : au Soudan on utilise du bois dur, tout juste équarri, avec une surface rugueuse ; les Baoulé, par contre, choisissent volontiers du bois tendre pour le limer et le polir amoureusement. Les essences les plus employées sont le kapokier ainsi que celles du genre ébène et acajou.

L'outil   Le sculpteur travaille sans étau. Comme outil, il se sert de l'herminette, petite hache à fer recourbé dont le tranchant est perpendiculaire au manche. Maniée d'une main sûre, elle peut servir jusqu'au moment d'attaquer les plus petits détails ; elle est alors remplacée par un couteau utilisé comme une doloire. Le plus souvent, les surfaces courbes de la sculpture gardent les traces des puissants coups d'herminette ; mais s'il veut les unir et les polir, l'artiste se sert d'éclats de pierre, de feuilles renfermant des acides, ou d'un rabot primitif. Ensuite commencent les traitements nécessaires pour protéger des intempéries et des termites le bois vert fraîchement travaillé. Beaucoup d'artistes enduisent leurs sculptures d'un mélange de suie et de graisse, ou les plongent pendant quelques jours dans un bain de boue. D'autres frottent le bois avec la sève de certaines racines et feuilles, ou du *tukula* finement râpé. Par la suite, la pièce est également noircie par la fumée et la poussière de la case, usée par les manipulations, cependant que les libations de bière et de sang parachèvent cette inimitable patine qui donne aux teintes bronze des sculptures anciennes un charme si particulier. Le plus souvent, elles sont faites d'une seule pièce de bois (monoxyles), si bien que la forme de l'arbre reste reconnaissable à l'œil et au toucher, ce qui leur confère une grande puissance artistique. C'est à titre exceptionnel seulement que l'on se sert de la fourche d'une branche pour représenter soit des figures assises ou en marche, soit des humains aux postures particulièrement tourmentées. Les membres, maxillaires et oreilles articulés sont rares, de même que les assemblages de plusieurs pièces. Pour parachever l'ornementation de la sculpture, clous et collages sont les plus usités. Les masques sont plus souvent peints que les figurines. Bien que la monochromie do-

PL. I – Léopard, symbole de puissance de certains rois du Bénin, fait de 5 grosses dents d'éléphant. Les taches de la peau représentées par des pointes de cuivre sont disposées suivant un rythme décoratif. Bénin, Nigeria ; XVIIIᵉ siècle. *British Museum, Londres (83 cm).*

mine en général, le blanc, couleur des esprits, symbole de l'autre monde, et les décors bariolés ne sont pas rares. Teintes symboliques pour les tatouages, vrais cheveux, yeux incrustés, revêtement de peau (Ékoï), dents d'animaux, cornes contenant des substances magiques, vêtements d'étoffe et de plumes, chaînes et bracelets : tout est utilisé pour les honorer et les réjouir à l'égal d'une créature vivante.

Chez les Yorouba et certaines tribus des vastes herbages du Cameroun, figurines, masques, trônes et même calebasses sont ornés de perles de verroterie multicolores. Les figures tutélaires des Bakota et des Basongué, les masques des Bakouba et des Marka sont garnis de cuivre ou de laiton. Pour donner à leurs travaux sur bois une décoration particulièrement somptueuse, les Baoulé et les Ashanti fixent au moyen de fines pointes d'or une mince feuille de ce même métal sur l'âme ; ailleurs, c'est l'argent ou l'étain qui est employé. Dans les aires d'extension de la sculpture sur bois, on peut noter certaines différences, car si l'art du Noir sédentaire de l'Afrique occidentale et du Congo est presque surchargé dans sa recherche de la plénitude du motif figuratif, les pasteurs et semi-nomades de l'est et du sud du continent, de même que beaucoup des cultures paléonigritiques, ornent leurs objets manufacturés de schémas plus dépouillés et plus sévères.

CALEBASSES En raison de leur consistance molle, les courges sont utilisées pour confectionner des vases de tout genre. Pour obtenir une forme de récipient déterminée, il arrive souvent qu'on les serre avec un lien quelconque pendant leur croissance. Dans l'écorce, le Noir sculpte, incise, grave ou brûle l'un des nombreux motifs (figures et dessins géométriques) qui s'apparentent harmonieusement à la forme. Les calebasses du Dahomey sont particulièrement célèbres, car elles portent des proverbes ; à signaler aussi les récipients à lait de certains peuples pasteurs (Masaï, Foula, etc.).

OS ET DENTS Le noble ivoire, vénéré primitivement comme symbole de la force et recherché comme trophée de chasse, est admirablement travaillé par de nombreuses tribus malgré sa dureté exceptionnelle et un outillage des plus primitifs. Le Bénin ancien nous a donné de véritables objets de luxe : doubles brassards ajourés, imposantes panthères, superbes masques et défenses sculptés en relief. Tout récemment encore, l'Afrique occidentale façonnait dans cette matière noble des ornements, des cloches, des peignes, des cornes d'appel, des manches de chasse-mouches, etc. Les masques des Bapendé et des Waléga sont particulièrement remarquables ainsi que les amulettes des Bahouana. Les jolies figurines-amulettes des Balouba sont en ivoire d'éléphant ou d'hippopotame, la légère courbure des dents de ce dernier étant utilisée avec adresse. Dans le Bas-Congo, même la grosse molaire de l'éléphant est sculptée. Au contact de la peau, frottées de *tukula* et d'huile, ces amulettes ont acquis une chaude teinte brun rouge. Les travaux sur ivoire exécutés pour l'exportation et accommodés au goût européen sont bien loin de valoir les œuvres anciennes.

La pierre est rarement employée en Afrique noire. On ne la trouve couramment ni dans la sculpture ni dans l'architecture. (Exceptions : Zimbabwé, Kiloua, quelques murs d'enceinte et fondations de greniers). C'est pourquoi les rares documents qui ont été conservés jettent des lueurs révélatrices sur le passé africain. La superbe trouvaille faite dans la région de l'Ouélé demeure un cas isolé et les restes grandioses de l'industrie lithique d'Ifé doivent être considérés comme les témoins solitaires des vieux empires. Les figures de pierre d'Ésie et du Bas-Congo, de même que les mégalithes du sud de l'Éthiopie sont également des exceptions. Les aigles et les coupes de Zimbabwé, les figurines du Mendiland et du Kissiland sont taillés dans la stéatite tendre qui se travaille plus facilement.

Pour les spécialistes de l'art africain, la technique de la glaise aurait pu être un grand sujet de consolation, car elle a inspiré les Noirs de presque toutes les régions et son évolution se poursuit à travers toutes les époques, depuis le style primaire grossier jusqu'au classicisme le plus raffiné. Mais malheureusement, la cuisson des pièces étant très peu poussée, elles restent d'une grande fragilité et seuls de rares fragments ont pu arriver jusqu'aux musées.

Parmi les objets qui ont été préservés, citons les découvertes faites à Nok, les pièces sao dans le Tchad, celles de Mopti, dans la boucle du Niger, de Luzira dans l'Ouganda, de Kaffa, Léopoldville, etc., mais surtout les superbes têtes d'Ifé. Actuellement encore, de nombreux bas-reliefs d'argile ornent les parois de beaucoup de cases ; figures d'animaux, faîtières, fétiches, pipes et groupes entiers en terre cuite sont nombreux, mais la plupart n'ont aucune valeur artistique. Seules sont à distinguer les figures ornant les tombes des empires krinjabo et ashanti, les pipes des prairies du Cameroun, les poteries figuratives des Bakongo, des Mangbétou et des Kalouéna, ainsi que les figures des Ibo et des Ékoï. Les pipes en terre des Ashanti sont ornées de proverbes.

Le travail de la glaise, tout comme la poterie en général, est surtout l'œuvre des femmes ; c'est souvent l'épouse du forgeron qui s'en charge. Les pipes des savanes du Cameroun doivent être considérées comme étant du domaine de la sculpture, car les figures détachées en relief ont

33

PL. 2 – Tête en tuf volcanique, unique objet exhumé lors de fouilles dans la région de la rivière Ouélé, ressuscite le passé sous nos yeux ! Nord-est du Congo. *Musée Rietberg, Zürich. Coll. v. d. Heydt* (*20 cm*).

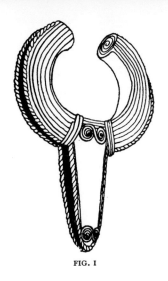

FIG. I

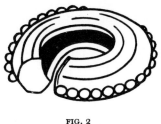

FIG. 2

été travaillées dans l'argile encore molle. Dans toute l'Afrique, d'ailleurs, les enfants s'amusent à modeler des jouets en terre.

Les récipients en poterie sont façonnés à la main, sans l'aide d'un tour. **POTERIE** Bien que celui-ci ait été connu depuis longtemps en Égypte et en Afrique du Nord, seuls parmi les Noirs les Haoussa et les Bakongo l'emploient. La négresse s'aide seulement d'un tesson brisé qui lui sert aussi d'appui. Elle façonne le récipient soit en creusant la motte de glaise, soit en enroulant en spirale des boudins qu'elle lisse soigneusement. Aujourd'hui encore, une technique primitive qui reste en usage est la suivante : un morceau de cordelette est roulé sur la terre qui vient d'être modelée et laisse ainsi des dessins réguliers imprimés sur la matière molle. D'autres artisanes pressent un morceau de vannerie tressée sur la glaise, gravent les lignes du dessin avec un bâtonnet pointu et achèvent la pièce en la munissant d'oreilles, d'anneaux et de boutons en relief. Les poteries sont alors placées à l'ombre pendant quelques jours pour sécher et finalement posées sur des branchages, recouvertes d'herbe et légèrement cuites. Les grandes jarres dans lesquelles les Baya, les Betchouana, les Haoussa et les habitants des régions de la Bénoué entreposent leurs réserves sont peintes de rouge et de noir. C'est seulement dans le Bas-Congo que l'homme se charge de la tâche de potier. L'usage de la cire d'abeille pour modeler des figurines et orner des masques est relativement peu courant *Cire* (Soudan occidental, Est africain, Batshokwé).

Contrairement à la plupart des peuples primitifs du Pacifique qui n'ont **MÉTAL** jamais dépassé le stade de l'âge de pierre, l'Afrique connaît les métaux depuis longtemps et le fer avant le bronze. Vers 400 av. J.-C., environ, *Fer* l'usage de ce métal semble s'être répandu à partir de l'empire napata sur le cours moyen du Nil jusque dans l'Ouest africain ; on le trouve en effet dans la culture nok (Nigeria du Nord). Au cours des âges, il supplanta les haches de pierre taillée. Les lances sont en fer et ornées de barbes, de torsades, de motifs à jour – en fer aussi les haches d'apparat et les couteaux de jet. Dans le domaine de la plastique des figures, les statues monumentales du Dahomey, celles, beaucoup plus petites, des Bakouba et d'autres représentant des animaux en Afrique orientale sont plus particulièrement à signaler. Le roi bakouba légendaire, Woto, est censé avoir introduit l'usage du fer dans ses domaines au VIe siècle.

Presque partout en Afrique, on a fondu ce métal avant que les Arabes, les Indiens et d'autres eussent amorcé les grandes importations en provenance d'Europe et d'Orient (cf p. 26 le métier de forgeron).

Bronze   Les bronzes africains et tous les autres alliages, jusqu'au laiton, qui ont revêtu tant d'importance dans les royaumes de la côte guinéenne, ne contiennent que peu d'étain, mais plus de zinc et de plomb ; c'est pourquoi ils méritent assez mal leur nom.

Deux techniques se retrouvent le plus souvent : celle qui fait usage d'un moule creusé dans la glaise ou le sable du sol et celle dite de la cire perdue. C'est cette dernière qui a donné naissance aux œuvres les plus célèbres. La figure est d'abord façonnée en cire, par grosses masses disposées autour d'un noyau de glaise ; ensuite, les ornements sont modelés avec la plus grande minutie au moyen de gouttelettes de cire. Ce modèle est alors recouvert d'une couche de glaise, puis fondu – cire perdue – et le métal coulé dans la forme en creux ainsi constituée. Enfin, la chape de glaise elle-même est brisée, ce qui fait qu'une œuvre réalisée par ce procédé demeure nécessairement unique. Son aspect définitif lui est donné par le

PAGE 115 polissage, le ciselage et le limage. Autres techniques du métal : le repoussage et le martelage, l'incrustation dans d'autres matières, les marqueteries d'étain sur la côte souahéli, le damasquinage du cuivre et du laiton, enfin les filigranes de cuivre et de laiton qui recouvrent les manches et parfois les ustensiles entiers (Sud-Est africain). La technique complexe de la cire perdue est parvenue jusqu'à l'Afrique noire par deux voies au moins : à travers le Sahara (avec des motifs sardes, étrusques, etc.) et depuis la vallée du Nil par le Soudan. L'ancien royaume du Ghana connaissait le bronze depuis longtemps : Al-Bakrî décrit au XIe siècle des figures coulées dans cet alliage (région de Goundam) et ses dires ont été confirmés par des fouilles effectuées dans les tumuli des Killi légendaires, ainsi que dans les ruines lobies (IXe au XIe siècle).

Le grand courant de civilisation venu de l'Orient ancien a traversé le Soudan, longé le Tchad, effleuré les royaumes des Yorouba et du Bénin, puis, par la suite, ceux de Sao, Joukoun et Noupé, pour atteindre enfin la cour des sultans de Tikar, Bamoum et Bagam, dans les savanes du Cameroun. Une ornementation luxuriante, de caractère nettement byzantin, faisant appel à des thèmes végétaux, supplante les objets en métal repoussé et poli des Noupé. C'est sans doute dans la capitale de la Nigeria et celle des Ashanti que l'art du bronze a été porté au point le plus proche de la perfection (anneau de cheville à grelots des Kran).

L'argent sert surtout à faire des parures, plus particulièrement dans les pays islamiques où le Prophète a interdit l'usage de l'or, et ceux qui se trouvent sous l'influence arabe. Là, nous trouvons des anneaux de cheville à charnières et les beaux travaux des Lamou (incrustations de feuilles d'or, rosettes, lignes pointillées et vrilles sur fond d'argent). Les orfèvres employaient à peu près uniquement les pièces d'argent comme matière première, par exemple les thalers de Marie-Thérèse, fondus, martelés et étirés en filigrane. La tête d'alligator que les chefs de l'arrière-pays togolais se pendaient sur la poitrine en guise de pectoral se distingue par son caractère insolite et étranger.

Des fabuleuses richesses en or des vieux empires du Ghana, du Mali et du Darfour, des bijoux d'or des rois ashanti et du Monomotapa, peu de vestiges nous sont parvenus. Comme seule la valeur matérielle comptait et que la question artistique était traitée avec un certain mépris, on fondait volontiers les objets en métal précieux. C'est ainsi que les magnifiques masques provenant des trésors du roi Kofi Kalkalli sont les seuls témoins des splendeurs passées. Aux fêtes, le souverain des Ashanti portait de grosses plaques d'or martelé et repoussé en guise de pectoral, ses vêtements étaient ornés d'applications en or, de même que le manche et la lame de ses armes de dignité. Son trône était enrichi de bossettes, de rosaces et d'étoiles d'or. Beaucoup des pièces d'apparat étaient simplement recouvertes d'une mince feuille d'or martelé, à peu près comme les Baoulé revêtent aujourd'hui encore du métal précieux les objets servant à leurs cérémonies.

Les Ashanti et les Anyi coulaient, il y a peu de temps encore, de petites figures et des masques d'or en employant la technique de la cire perdue. Celle du filigrane – aux motifs hispano-mauresques venus du nord et du nord-ouest africains – n'a pas beaucoup dépassé le Sahara, atteignant tout juste le Sénégal, le Soudan occidental et la Côte-d'Ivoire. En fin de compte, on peut conclure que l'on ne rencontre le travail de l'or que dans les entours des cultures soudanaises récentes les plus évoluées. Au métal si précieux pour les Blancs le Noir préfère le cuivre, le fer et le laiton.

Le cuir est la matière première des peuples pasteurs et des chasseurs. En

FIG. 1

FIG. 2

Argent

FIG. 138

FIG. 57

Or

PL. 20

CUIR

général, la préparation des peaux est une opération fort simple : elles sont uniquement maniées avec de la graisse pour conserver leur élasticité ; ce sont les civilisations évoluées qui, les premières, ont introduit le tannage au moyen de substances végétales. Les Chamites de l'est disposent des morceaux de fourrure et de peau à la manière de mosaïques. Les Masaï peignent sur leurs boucliers de cuir des motifs abstraits harmonieusement composés. Quant à leurs femmes, elles portent de superbes capes de cuir ornées de franges, de perles et de coquillages.

Le travail du cuir a été porté au niveau d'un grand art dans l'ouest du Soudan (Mandingues, Haoussa, Foula) où l'ornementation somptueuse révèle des influences berbères et islamiques. Leurs grands rivaux sont les Touareg du Sahara. Parmi les procédés destinés à enjoliver cette matière, citons : la peinture, les incisions, le repoussage, le pressage, le grattage, le tressage, l'application et la broderie. Les pigments obtenus à partir de noix, de racines et d'oxyde de fer donnent de chaudes teintes rouges et brun-rouge ; le vert étant une couleur rituelle chez les musulmans, il apparaît aussi dans certaines régions. Haoussa et Mandingues se distinguent dans la fabrication de sacs, de coussins, de harnais, de fourreaux pour les épées et les poignards, de poires à poudre et de carquois, de coiffures et de souliers dans toutes les régions du Soudan et des Guinées.

TRESSAGE

Dans de vastes territoires africains, le tressage est une occupation réservée aux loisirs des hommes. Surtout à la saison sèche, alors que le travail des champs est en sommeil, jeunes et vieux se rassemblent sur la place du village pour confectionner des vanneries. Comme outils : les dents et les orteils, des couteaux et des peignes. La matière première est fournie par la savane sous diverses formes : nervures de feuilles, tiges de bananier, de palmier dattier, de raphia, de papyrus, de sorgho et de nombreuses herbes. Dans des régions boisées, on utilise de préférence les pandanus et les lianes.

Dans l'Ouest africain, c'est le tressage en échiquier ou croisé qui domine, alors que la technique de l'enroulement doit être d'origine chamitique. L'un et l'autre permettent de réaliser des formes et des dessins très variés pour les corbeilles, plateaux, tamis, couvercles, sacs, carquois et boucliers. Des nattes sont également tressées pour servir de tentures, de lits de repos, de coussins et d'ornements. Quant aux motifs, l'artisan se contente en général de travailler alternativement avec des fibres teintées et incolores, grâce à quoi un dessin géométrique se forme de lui-même.

FIG. 135

TISSAGE

Le tissage, issu d'un raffinement du tressage, est exécuté au moyen d'un métier à main très simple. Dans le domaine de la civilisation ouest-africaine, ce sont les femmes qui tissent le raphia sur des métiers verticaux. Dans les régions néo-soudanaises, l'homme travaille le coton et la laine, avec l'aide de métiers horizontaux. C'est également lui qui réunit les bandes étroites ainsi obtenues pour en faire de grandes pièces, coud les vêtements et va jusqu'à exécuter les broderies. Les longues tuniques du Bornou, au Tchad, par exemple, sont taillées en forme de chemise et ornées de riches broderies de soie. Les Ashanti avaient l'habitude de dé- PAGE 57 tisser les étoffes de soie des Hollandais et de les retisser avec des dessins à leur goût.

Le Dahomey est célèbre pour ses applications, réservées au roi. Des travaux ajourés très raffinés sont exécutés dans l'Ouest africain et les Noupé, Gourma, etc., obtiennent des effets de velours pour certains de leurs tissus, tout à fait comme les tisserands du bassin Kasaï-Sankourou dans l'ancien empire napata et en Égypte. Sur les côtes de Guinée et dans les savanes du Cameroun, on fabrique même des tissus où se mêlent coton et raphia. Les étoffes qui n'ont pas été tissées avec des dessins sont teintes à la pièce et pour ce faire, les Noirs connaissent plusieurs procédés :

1) La méthode directe : ils peignent étoffes et écorces, ou impriment des *Procédés de teinture* motifs sur elles (Ashanti, Baganda, Mangbétou).

2) La méthode au caustique : les Bambara, par exemple, teignent leurs cotonnades en jaune avec la sève d'une racine. Sur ce fond, ils tracent avec de la boue leurs ornements et arabesques, puis les recouvrent d'un savon extrêmement caustique. L'étoffe est ensuite traitée une fois encore avec de la boue et – quand le caustique a suffisamment agi – lavée à grande eau ; après quoi les motifs plus clairs se détachent très nettement PL. 5 sur le fond sombre.

3) La méthode de la réserve : c'est dans ce chapitre que se classent les procédés rappelant le pochoir. Ils exigent que l'étoffe soit pliée ou serrée et liée en petits boudins. Des pierres ou des graines cousues, des morceaux de roseaux appliqués ou de petits caches remplissent le même office. Ainsi préparé, le tissu est teint – le plus souvent avec de l'indigo – puis étendu pour le séchage. C'est alors seulement que l'on défait les nœuds, puis on retire pierres et fragments de roseaux, après quoi apparaissent de superbes dessins (Baoulé, savanes du Cameroun, Nigeria du Sud). PL. 18 Les autres procédés du même genre sont rares – Ikat et épargnes obtenues comme pour le *batik* avec diverses pâtes recouvrant les fonds (Soninké, Yorouba).

Malheureusement, les cotonnades imprimées d'importation, très bon marché, font une dangereuse concurrence à la fabrication indigène, d'autant plus qu'elles copient souvent les motifs anciens les plus appréciés des

Noirs pour inciter ces derniers à les acheter. Actuellement, c'est lors des fêtes religieuses enracinées dans les traditions de la tribu que l'on rencontre les plus beaux tissus de fabrication indigène.

COULEURS   Les raisons pour lesquelles le Noir revient toujours au rouge, au blanc et au noir sont bien évidentes. Ce sont là des pigments d'origine minérale, animale et végétale aisés à trouver. De plus, ils éveillent des associations bien définies, car ils ont une valeur symbolique. Souvent les secrets des recettes pour leur fabrication sont jalousement gardés par certaines familles. Le blanc, obtenu à partir de la craie et de cendres végétales, est signe de puissance supraterrestre, de danger et de mort. C'est pourquoi on peint de cette couleur les enfants en âge de se préparer à l'initiation ; du blanc aussi pour les malades et les masques représentant des apparitions de l'au-delà. Dans l'ouest du Soudan et chez les Yorouba, le blanc est le symbole de la pureté et du dieu du ciel.

Le noir, provenant de la suie, du charbon, etc., symbolise souvent la terre. Le rouge signifie énergie, vitalité et joie ; il apparaît dans le feu de la forge et possède une puissance magique. C'est avec le pigment du *tukula* que les Congolais et d'autres peuples se peignent pour leurs grandes réjouissances ; c'est de rouge que les jeunes sont enduits aux fêtes de l'initiation pour bien montrer qu'ils font désormais partie des adultes ; à la poudre de *tukula* encore que sont traitées les statues, le «bois rouge» les protégeant contre les termites.

Le bleu indigo, de même que le vert et le jaune, est la marque d'une civilisation très évoluée.

Dans bien des endroits les masques de bois sont dotés d'ornements colorés – touffes de fibre, rayures – et c'est même souvent leur forme primitive.

VI. LES FORMES

Aucun doute possible : c'est dans la sculpture que le Noir a trouvé son accomplissement le plus élevé. Ce n'est pas là le jeu d'un hasard heureux, mais l'aboutissement et le couronnement d'une évolution chargée de sens. Une image du monde dont la sculpture serait exclue est inconcevable pour beaucoup de nègres. Celle-ci n'est pas seulement le miroir de leurs rapports spirituels avec les dieux, mais aussi un élément indispensable à leur vie dans la société humaine.

Contenu

Font partie du domaine de la sculpture les figures d'ancêtres, les masques, les fétiches et autres objets du culte, ainsi que les statuettes profanes, les reproductions d'animaux et les ustensiles usuels. Nous avons étudié leur signification et leur importance dans les chapitres «Religion» et «Sociologie». En ce qui concerne les matières employées, il suffit de rappeler que le Noir utilise de préférence à toutes les autres le bois, puis viennent la glaise, l'ivoire, le métal, rarement la pierre, enfin parfois pour les masques la vannerie, l'écorce, le cuir et les cucurbitacées. C'est de cette prédilection pour le bois que résulte une situation fort regrettable : les sculptures vieilles de plus d'un siècle sont une rareté. En effet, cette matière, même dure, ne résiste à la longue ni aux intempéries ni aux termites. Les voyageurs arabes dans leurs récits assurent avoir déjà trouvé des figures d'ancêtres dans l'ancien empire du Ghana.
Abordons maintenant la question de la forme qui va nous conduire au cœur de notre grande recherche. Dès l'abord, nous devons toujours garder présent à l'esprit le fait que l'artiste noir a la mission et la nécessité impérieuse de donner forme à une conception abstraite dans le domaine du sacré. Pour lui, la fonction de l'art consiste à rendre visible l'invisible. Ce qui l'émeut et l'inspire, c'est la vision, que les seules formes naturelles du milieu dans lequel il évolue ne suffiraient pas à restituer. Pour lui donner une figure, il réunit des éléments naturels aussi bien qu'abstraits, surréalistes aussi bien qu'expressionnistes en une entité entièrement nouvelle. Ne l'oublions jamais : l'art du Noir se situe au premier rang des serviteurs de la religion ; croire que les êtres auxquels il donne une figure sont à l'image de l'homme serait une insolente présomption.
Ce n'est que dans le domaine de l'art profane, quand il s'agit de représenter des rois et des héros, que le sculpteur se soucie d'un thème et s'efforce de faire passer ses éléments et proportions naturels dans l'œuvre.

Valeur expressive
des formes
Une seule question s'impose : comment le Noir réussit-il à donner une forme artistique à des concepts abstraits – puissance et sublimité divines, grandeur, sérénité et mort ? Pour exprimer la force, une tête puissante, un œil étincelant, un ventre fécondé, un sein gonflé. Les cornes du buffle, les béliers, les antilopes, la gueule du crocodile ont le même sens. L'artiste utilise la somme de ces éléments, mais intensifie encore son pouvoir évocateur par des moyens formels : contours raides, dynamisme de surfaces et de volumes cubiques ordonnés avec clarté dans des rythmes volontaires. Des membres anguleux, une lourde couronne, des jambes trapues, un creux marqué sous un front bombé et un nombril proéminent symbolisent également la force.

Concept du
transcendantal
Le concept du transcendantal, de la grandeur supraterrestre telle qu'elle se révèle dans la noble dignité, la sérénité et la communion, s'exprime par l'équilibre statique, la symétrie et la frontalité, principes suiivs avec une grande virtuosité par l'artiste noir. L'impression de paix et de repos est obtenue par l'harmonie que réalise l'équilibre de tous les éléments. L'axe médian est le moment de la force qui porte et unit. Une attitude sereine, une concentration perceptible, de subtiles nuances dans les formes du corps, une expression contenue et le ton bronzé de la patine : tout concourt à atteindre cette majesté qui incite le spectateur au recueillement et à la méditation. Le calme règne sur le visage de l'ancêtre et pourtant sa présence vivante darde des regards étincelants par des yeux à peine fendus et se manifeste dans les lignes des joues, des narines et des lèvres accusées. La lumière glisse sur des courbes pures, s'accroche aux marques des coups de hache et se reflète dans le brun de la peau. La mort silencieuse, pont jeté vers l'au-delà, se manifeste par des formes qui se sont développées à partir du crâne du cadavre et exprimées avec une impitoyable rigueur sous l'aspect d'yeux enfoncés, de joues affaissées et de mentons pointus. Des globes incrustés donnent en outre l'impression d'une animation contenue qui n'est pas de ce monde.

La virtuosité que déploie le Noir dans son travail prouve bien qu'il ressent avec autant d'intensité que nous la valeur des diverses formes en tant qu'expressions des émotions. Mais en ce qui concerne son art, il faut que nous soyons prêts à mettre de côté un moment l'image de l'idéal grec pour pénétrer ce langage totalement différent et aux antipodes du naturalisme. Au reste, malgré une préparation poussée et une absence de préjugés aussi radicale que possible, son interprétation nous posera des problèmes.

Il convient cependant de noter que les grands créateurs européens du XXe siècle nous facilitent puissamment l'entrée dans l'univers artistique

PL. 3 – Vase à boire, orné de motifs gravés au trait de style primaire, fait dans un œuf d'autruche, et collier de la même matière. Œuvres des Boschimans du Kalahari, dont le niveau de civilisation est parmi les plus bas. Lüderitzbucht, Sud-Ouest africain. *Coll. d'ethnologie, Zürich (15 cm).*

du Noir. Maillol et Henry Moore, les Fauves et les Cubistes, Kandinsky, Klee et Picasso – ce dernier fortement inspiré par l'art nègre – nous ont initiés à une nouvelle vision par leur représentation du suprasensible. Si nous nous efforçons de voir avec leurs yeux, il nous sera plus facile de comprendre l'esprit de l'art nègre.

Structures   Croire que le Noir ne reconnaît dans les formes que leur valeur expressive serait insuffisant. Nous devons compléter cette notion en disant qu'il les fond en éléments cubiques suivant un plan concerté et les équilibre par oppositions conjuguées. Pendant qu'il taille le tronc d'arbre, il a déjà devant les yeux l'impression d'ensemble que donnera la sculpture et sa dynamique. Il ne travaille pas du tout dans l'inconscience que nous lui supposons trop souvent. Le jeu harmonieux des courbes et des rondeurs, des surfaces et des cubes, des creux et des bosses n'est pas une réussite due au hasard. Pendant le processus de la création, l'artiste tourne et retourne son bloc, l'examine sous tous ses aspects pour l'amener jusqu'à une authentique représentation de l'univers à trois dimensions. Il sait qu'une courbe audacieuse appelle le mouvement contraire, que les lignes doubles et les cercles concentriques donnent naissance à des effets particulièrement intenses. Il a depuis longtemps reconnu l'importance des ombres et joue de l'opposition entre des parties finement structurées et des surfaces pleines et lisses. Dans le cas de dessins formés par le grain, il les traite de manière que leur intérêt esthétique assume une valeur symbolique. Il sent que la nature même de son matériau et l'écriture de l'outil recèlent des charmes puissants. Il sait aussi qu'il doit – par une observation acharnée de la nature – acquérir l'art de l'omission pour intensifier l'effet auquel il veut arriver. Si la sculpture africaine, dont les œuvres dépassent rarement un mètre de haut, donne si intensément l'impression du monumental, c'est sans aucun doute en raison de l'économie des moyens employés et de la simplification des détails : mesures dont résulte une densité exceptionnelle de la forme.

La puissance dont témoignent ces œuvres, qui leur infuse leur vie, leur dynamisme et leur tension n'est rien d'autre que la disposition naturelle qui s'exprime aussi dans les danses et la musique des Noirs : en d'autres termes leur sens inné du rythme.

Ce serait une erreur de croire que le bloc de bois a astreint l'artiste à ces formes calmes et harmonieuses. Les riches matières dont il dispose lui eussent offert bien d'autres possibilités, de même que le groupement de figures de glaise et de bronze. Faire surgir d'un bloc compact une forme somptueusement différenciée peut présenter, selon les circonstances, plus de difficultés que doter une figurine de bras détachés (Dahomey, Ékoï) ou ajouter des claquettes à un masque (Ibibio, Kran). Les groupes monoxyles se rencontrent surtout dans le sud de la Nigeria, les savanes du Cameroun et le sud du Congo. Ils représentent souvent des cavaliers; quant à la mère avec son enfant, ce motif apparaît dans toute l'Afrique, mais surtout chez les Yorouba, Afo, Bakongo, Béna-Louloua. Nous trouvons la disposition asymétrique répandue sporadiquement un peu partout.

Les personnages assis sur un tabouret ou un trône sont plus rares que ceux qui se tiennent debout. Ils croisent les jambes, s'accroupissent ou appuient les coudes sur les genoux. La position agenouillée est celle du repos pour les femmes; elle peut parfois symboliser la vénération et la résignation. Souvent les bras et les mains jaillissent en brisant les lignes qui enferment la figure pour tendre des offrandes ou s'ouvrir vers le ciel dans un geste expressif. Elles soutiennent la tête lourde, saisissent le menton ou caressent la barbe.

Quand il modèle une figure, le Noir se laisse guider par l'importance particulière des diverses parties du corps, sans se soucier de savoir si les proportions sont conformes à la réalité ou non. Nous savons maintenant pourquoi il accorde la prééminence à la tête, aux yeux, aux organes sexuels et au nombril : ces parties du corps sont le siège de forces particulières, surnaturelles. Nous avons affaire là à des proportions excentriques, directement liées à une notion d'importance et de signification. Par elles, tous les éléments de la réalité se trouvent placés les uns vis-à-vis des autres selon leurs rapports authentiques. Tout ce qui incarne une idée, tout ce qui sert la fonction esthétique et l'équilibre de la forme est accentué et traité avec une particulière attention. Dans sa recherche de la symétrie et de l'ordre, le Noir se tourne de préférence vers l'axe médian vertical qu'il coupe de lignes horizontales séparées par des intervalles déterminés. Avec son sens de l'harmonie, il n'est pas rare qu'il choisisse les proportions du nombre d'or.

Proportions

Pour intensifier l'effet produit par une figure ou la force expressive d'un masque, il se sert des moyens formels les plus raffinés. La tête de Janus à deux visages est répandue dans presque tous les pays du littoral guinéen et du Congo; le masque à quatre ou même six visages (Mendi, Yorouba, Pangwé, Ékoï, Balouba) et le double nez (Picasso) sont plus rares. Nous ne savons malheureusement pas si le nez retroussé en forme de groin des figures bayaka a pour origine l'humeur facétieuse d'un artiste ou une association spirituelle bien définie.

Le goût très sûr des Noirs est mis en lumière par les expériences conduites chez les Dan et les Waléga. Lorsque l'on soumettait plusieurs masques à leur appréciation, ils choisissaient sans hésiter ceux qui étaient également le plus en accord avec notre sensibilité et nous semblaient les plus beaux.

Primitif et primaire L'art nègre est-il primitif ? Non, si nous donnons à ce terme le sens de grossier, de barbare et de méprisable. Oui, s'il est considéré comme un titre de noblesse, ce qui était le cas pour les Fauves de la peinture européenne. Celui qui suit le processus de la création chez un artiste noir, qui perçoit sa concentration, sa faculté de prévoir et d'organiser l'œuvre en cours, son sens du style si sûr ; qui reconnaît son exigeant besoin de beauté et d'expression, son don pour pénétrer jusqu'au cœur même, à l'essence de l'objet, celui-là se refuse une fois pour toutes à associer l'idée de primitif avec celle d'inachevé, de grossier et de rétrograde. L'art nègre n'est pas davantage naïf, d'ailleurs ; ce qualificatif est inconciliable avec la virtuosité de plans aussi conscients[1]. Le terme de primitif ne peut s'appliquer qu'au domaine du développement des techniques. Mais qui n'est pas frappé par les résultats que l'Africain a obtenus avec ses moyens «arriérés» ? Ses précieuses œuvres en bronze et en or ne rappellent en rien les difficultés des méthodes de la cire perdue ; quand on voit ses superbes poteries, on oublie qu'il les a modelées sans tour et la simple herminette ne l'empêche pas d'atteindre le but qu'il s'est assigné dans ses sculptures. Primitif ? Quelle étiquette insuffisante pour un artiste qui ne se contente pas de dominer des conditions de travail contraires, mais qui s'appuie sur elles pour atteindre à une puissance artistique plus grande !

Nous pouvons reprendre sans hésitation le qualificatif de «primaire», créé par Félix Speiser (qui l'applique à l'art du Pacifique), pour les débuts quels qu'ils soient, entre autres ceux de l'art africain, pour ce premier ordre de griffonnages confus, pour les tentatives encore balbutiantes en vue de donner une forme lapidaire à un concept spirituel. Le style primaire en tant que stade peu différencié se rencontre à l'aube du développement artistique de tous les peuples. Un artiste de ce type, qui s'essayait à la sculpture, se contentait d'indiquer sommairement le visage et les membres, le corps étant tout juste dégrossi. Mais pourtant, de ces premiers témoignages de la volonté créatrice humaine émane souvent un charme puissant, dû à leur spontanéité, cruche en argile des Piri, Nigeria du Nord (Fig. 3 et Fig. 134).

Style Certaines tribus, voire même des groupes de peuples entiers, ont trouvé leur style propre, inchangeable : produit de leur conception du monde et de leur personnalité profonde, nourri d'impulsions extérieures et accompli par la vision de l'artiste individuel. Cependant les pensées du

Bibl.: [1]Gerbrands, Art...

FIG. 3

créateur évoluent toujours dans son milieu, dans les mythes de la tribu qui n'appartiennent pas à lui seul mais constituent un bien commun. Lorsqu'une sculpture a trouvé sa forme et s'est incorporée à la collectivité en tant qu'œuvre dotée de force, elle peut durer des centaines d'années ; elle sera alors sans cesse imitée et transformée, simplifiée et condensée, sans perdre ses caractères essentiels. Car elle est désormais vouée à un style. Tant que l'image qu'il se fait du monde demeure intacte, le Noir ne se sépare que très difficilement de ses symboles qui, pour lui, sont infaillibles et n'échouent jamais dans leur cercle d'influence. La minuscule figurine Ibeji des Yorouba, parvenue en 1870 au British Museum, ne présente pas beaucoup de différences avec les innombrables copies qui en sont faites aujourd'hui ; pourtant, William Fagg a pu distinguer les variantes personnelles de chaque région du pays yorouba. Dans leurs cérémonies, les Dogon font usage de quatre-vingts types de masques différents qui portent tous l'empreinte d'un même style (cf. la reproduction des costumes pour la danse de l'antilope, chez les Bambara, Fig. 15 à 19, comme exemple de variations sur un thème unique).

Assurément chaque style s'est développé, puis cristallisé du fait d'une longue tradition et d'une inlassable pratique ; pourtant, il subit jusqu'à un certain point les transformations du temps, entraîné par des influences extérieures qui brisent sans cesse le cercle de l'isolement, ainsi que par l'évolution intérieure de l'artiste lui-même. Chaque fois qu'un style africain se distinguait par une clarté et une continuité particulières, l'ethnologue se sentait incité à rechercher les courants de civilisation à l'origine du phénomène – d'autres correspondances et enchaînements des plus intéressants n'étaient-ils pas susceptibles de se révéler ? On est, certes, tenté de supposer que tous les domaines de la grande sculpture africaine ont été, à un moment donné, en contact avec les civilisations évoluées de la Méditerranée, de l'Orient ancien et surtout de la vallée du Nil. Mais les éléments qui se sont cristallisés, faits de nouveau et d'ancien, d'autochtone et d'étranger, pour être pétris en une entité cohérente par la main d'un maître, trouvent leur apogée dans le style tout à fait personnel d'une collectivité, voire même dans une forme d'expression qui reste souvent isolée au milieu de styles entièrement différents et pose des problèmes bien difficiles à l'analyse de nos observateurs. Toutes les tentatives faites pour contraindre l'art nègre à entrer dans un schéma de répartition fondé sur la dualité, comme par exemple : concave-convexe, naturaliste-abstrait, classique-préclassique, ont achoppé sur la même difficulté : la situation telle que nous la trouvons aujourd'hui en Afrique. Un continent qui a donné naissance à un millier de styles environ ne se laisse pas si facilement cataloguer. Le chercheur qui prend la peine de suivre certaines civilisations bien définies pour les mettre en parallèle avec d'autres risque d'être réduit au désespoir, car il peut fort bien se trouver, dans un village voisin, en présence d'un style qui contredit radicalement toutes ses observations précédentes.

Dans l'ensemble, c'est l'attitude calme et symétrique qui est la plus répandue parmi les figures africaines. Les contours du tronc d'arbre demeurent reconnaissables jusqu'à la fin, soulignant encore l'unité et la rigueur de la sculpture. Les deux tendances, plastique adaptée du tronc ou du pieu *(Pfahlplastik)* et naturalisme aux courbes adoucies, se différencient en variantes infinies.

Le style cubiste, décharné, étiré, a ses terres d'élection dans l'ouest du Soudan : Dogon, Bambara et Bobo ; dans les pays guinéens : Baga, Kran et Toma, Ijo, Oron – Ibibio et Mama ; au Cameroun : Yabassi ; dans l'ancienne Afrique-Équatoriale française : Bakwélé, Bakota et Batéké ;

CARTE P. 215 au Congo : Basongué, Waléga, Ababoua. Il peut également être assigné, avec les réserves habituelles en Afrique, aux régions est et sud du continent.

Par contre, l'école naturaliste, aux formes plus adoucies, plus organiques dans la mesure où elles permettent de deviner la chair sur la charpente osseuse, fleurit surtout en Sierra-Leone, sur la Côte-d'Ivoire et la Côte-de-l'Or ; au Dahomey, en Ifé, au Bénin, chez la plupart des Yorouba, Ibibio, Ékoï et dans les savanes du Cameroun, dans presque tout le sud et l'ouest du Congo, particulièrement chez les Bakongo, Batshokwé et Balouba, enfin – chose tout à fait inattendue – chez les Makondé dans l'est. Les deux styles se rencontrent chez les Bidyogo, Sénoufo, Dan et Pangwé, chez les Balouba de l'est et les Makondé, pour s'y croiser et trouver une unité nouvelle.

Naturalisme et abstraction   Comment se fait-il que dans les diverses régions d'Afrique le pendule oscille aussi violemment entre les deux pôles : abstraction et naturalisme ?

48

Que les formes unissent si souvent en elles ces tendances opposées et en fassent la somme ? Le phénomène ne peut s'expliquer ni par la race ni par le milieu seuls, et bien moins encore par des influences étrangères ; sinon, il serait exclu que l'on pût trouver une seule et même tribu maniant l'abstraction aussi bien que le naturalisme, bien plus, les deux styles utilisés dans une même sculpture.

Hermann Baumann fait ressortir le lien entre le matriarcat des Bantou et le style naturaliste, entre le patriarcat des paléonigritiques et le style «poteau». William Fagg, lui, estime que l'Islam favorise l'abstraction. Mais quand nous voyons qu'une même tribu utilise les deux formes, la question se pose de savoir si le degré d'abstraction ne dépend pas dans une grande mesure du but poursuivi, les facteurs déjà cités n'en jouant pas moins leur rôle. La représentation plastique de concepts et d'êtres spirituels abstraits trouve son expression la plus pure et la plus convaincante dans la forme cubiste, qui est tout esprit. L'école naturaliste est plus enfoncée dans la matière, plus anatomique, plus personnelle. Aussi est-il fascinant d'observer des spécimens naturalistes qui atteignent pleinement leur but, à savoir portraiturer un homme : les têtes commémoratives d'Ifé sont peut-être les plus impressionnantes, mais les effigies superbes, intégralement organiques et pourtant sublimées du roi-prêtre tout-puissant, symbole de la glorification d'un souverain sacro-saint, viennent tout de suite après. On les retrouve au Bénin, au Cameroun et chez les Bakouba. De même le masque d'or des Ashanti est l'image d'un homme bien personnalisé, probablement un ennemi vaincu.

PL. 20

Dans le Bas-Congo règne la coutume des monuments funéraires individuels dont le naturalisme doit peut-être quelque chose à l'influence des Blancs. Il est aisé de comprendre que, dans les régions de matriarcat où des liens étroits sont établis entre la femme féconde d'une part, la prospérité de la famille et des champs d'autre part, la représentation de la Terre mère soit recherchée par des moyens naturalistes et même profondément réalistes. Le caractère de la figure rituelle des Sénoufo pourrait peut-être s'expliquer par les mêmes raisons – dans une région où l'art est en général rigoureusement abstrait. Des Baoulé nous savons aussi qu'ils exécutent des figures d'ancêtres et des portraits, tendant ainsi vers une certaine fidélité à la nature. Les fétiches, que les Noirs se représentent agissants, actifs, sont souvent figurés de manière réaliste : avec des gestes menaçants et des yeux largement ouverts. De nombreuses statues nous frappent par un certain manque d'unité entre la tête et le torse – la première, où se concentrent les forces spirituelles, étant travaillée avec beaucoup plus de soin, alors que le tronc reste figé dans sa forme la plus élé-

PL. 12

49

mentaire, presque comme si, une fois la tête exécutée, l'intensité de l'inspiration s'était brusquement relâchée. En réalité, c'est tout simplement· que le torse a une autre fonction : il accomplit les lois de la statique et porte de nombreuses marques de reconnaissance.

Style «poteau» Le signe distinctif le plus frappant d'une figure cubique c'est assurément le front fortement accentué, bombé, sous une chevelure aux puissantes structures, ou une manière de couvre-chef. C'est là le siège de l'esprit. Le front ombrage les orbites d'autant plus profondément enfoncées qu'elles doivent diriger le regard vers le dedans. L'œil lui-même est nettement formé, sous les aspects d'un grain de café ou d'un demi-ovale, d'un rectangle, d'un cône, d'un tube ou d'une amande, suivant la fonction qu'il remplit. Il est curieux de noter que dans les régions les plus diverses et souvent les plus éloignées, l'abstraction du visage conduit à une forme en

FIG. 25 ET 93 cœur : les sourcils, commençant à la racine du nez, se rencontrent de nouveau aux commissures des lèvres après avoir tracé une courbe très pure sur les tempes et sur les joues. De plus, la portion de ces dernières ainsi délimitée est souvent peinte en blanc, ce qui a pour effet d'attirer le regard du spectateur vers l'essentiel : les yeux. Contrairement à ses statues, le Noir a des pommettes accusées et des yeux plutôt proéminents ; si ceux de nombreuses sculptures sont enfoncés, c'est qu'il s'agit là d'un artifice formel destiné à intensifier l'introversion de l'œuvre.

Le nez, en tant qu'élément du rythme, est représenté sous la forme d'une ligne, d'un bâtonnet, d'un triangle ou d'une courbe puissante ; la bouche apparaît comme une fente, un rectangle, un tube, un disque, ou peinte d'une couleur différente. Le menton, dans certaines œuvres, est projeté en avant par un prognathisme accentué, alors que dans d'autres la ligne du profil est droite, ou fuit horizontalement à partir de la bouche ; la barbe est traitée à la manière cubiste. Les oreilles – organes réceptifs, sensibles aux ondes sonores – sont représentées par des blocs, des anneaux, des demi-oves, des cercles ou des accolades, mais souvent aussi supprimées. Le cou, colonne droite ou à peine inclinée (avec parfois une pomme d'Adam ou des colliers), est relié sans heurt aux courbes tombantes des épaules. La poitrine est en forme de poire ou de globe. Le ventre, très proéminent, avec un nombril accentué, est équilibré par la ligne du dos, élégamment incurvée.

Les membres, par leur rythme en zigzag, donnent une impression de retenue. Les bras sont souvent travaillés en relief dans la masse du tronc ; les jambes se présentent comme d'épais moignons aux pieds exagérément grossis quand la fonction de support doit être soulignée. Mains et pieds sont traités sommairement mais avec clarté, ces derniers ne faisant souvent qu'un avec les chevilles. Souvent la tête paraît petite par rapport au corps étiré, ce qui donne une impression générale de raffinement (Afrique orientale et ouest du Soudan, Pl. 14 a).

Nous nous trouvons ici en présence d'un aspect tout différent, encore que non moins original, du sens artistique africain. Le style naturaliste respecte l'anatomie des hommes et des choses et la restitue dans l'œuvre d'art. Il n'est pas question, bien entendu, d'une fidélité photographique : la nature est interprétée, sublimée, idéalisée, l'échelle des valeurs spirituelles préservée et le mouvement intensifié quand il s'agit de représenter une action. Toute l'attention se porte sur la tête qui occupe parfois le quart de la figure et qui est généralement dotée d'une riche ornementation. Dans les coiffures imposantes, nous distinguons des nœuds, des peignes, des tresses et des queues. Les sculptures d'Ésïe, du Bénin portent un édifice capillaire en forme de chapeau, de même que celles des Kwalé-Ibo et des Bakongo, les dignitaires et les dieux dans le cercle des cours de la Nigeria, du Cameroun et du Congo, de bizarres bonnets ou des couronnes. Les masques pour l'initiation des Bayaka, les masques gélédé et épa des Yorouba, les figurines ikenga des Ibo, ou les masques du Soudan occidental sont ornés de couronnes de plumes sculptées ou véritables, voire même de sommets de coiffure constitués par des groupes entiers de figurines. Front et visage sont décorés de tatouages. Là encore, les yeux à demi clos sous de lourdes paupières font songer à la mort et à l'au-delà ; par contre, des yeux largement ouverts sont signe de vigilance et de vitalité. Ils sont souvent représentés par des fragments de verre ou de miroir, des clous de métal, des perles ou des cauris ; des pupilles, des sourcils et des cils finement tracés au moyen de hachures ajoutent encore au réalisme (Nigeria, Cameroun, Mendi).

Les joues sont arrondies, doucement incurvées ; l'oreille est représentée avec toute sa complexité organique, ou légèrement simplifiée ; le nez est large, tantôt retroussé, tantôt avec des narines dilatées. L'école naturaliste donne une importance expressive particulière à la bouche – qui y est prédestinée par les lèvres épaisses de la race noire ; les plus belles réussites sont les têtes d'Ifé, les masques d'ivoire du Bénin, le masque d'or des Ashanti ou les œuvres de Bouli. Dans beaucoup de sculptures, dents et gencives sont visibles, avec leurs déformations ; souvent aussi des dents, soit véritables, soit imitées en fer ou en os, y sont incrustées. Par une bouche ouverte et endentée, les Baoulé veulent provoquer une impression de gaieté ; au contraire, une bouche indiquée par une simple fente doit donner au visage une expression de tristesse. Les statues de femmes des Makondé ont les lèvres percées d'un bâtonnet, de même que quelques-

Style naturaliste

PL. 19

51

unes chez les Dogon et les Yorouba. Le père ancestral du clan est souvent doté d'une barbe ou de favoris décoratifs. Le cou est souligné de tatouages et orné de colliers. Les têtes de bronze du Bénin sont si surchargées de perles de jaspe et de cornaline qu'elles disparaissent presque sous leur parure.

Les corps sont toujours recouverts de scarifications dont les motifs ont une valeur décorative et symbolique. Les seins gonflés, la plupart du temps pendants, et les autres parties du corps sont traitées avec un naturalisme parfois lapidaire et s'intègrent dans l'harmonie d'ensemble de la figure. Le genou est souvent représenté par un disque, les doigts des mains et des pieds étant dotés d'articulations et d'ongles.

PL. 16

Représentation d'animaux

Le masque dan est un exemple accompli de l'équilibre qui peut être réalisé par l'union harmonieuse des deux styles malgré la prééminence invariablement accordée à la figure humaine ; les représentations d'animaux témoignent aussi d'une observation approfondie et sont chargées de sens. Les plumes d'oiseau, par exemple, sont traitées avec une superbe maîtrise par les Bini. Les cornes de l'antilope et du bélier, la fourrure tachetée du léopard, les écailles des poissons, des serpents, des lézards, la carapace de la tortue, les dents menaçantes du crocodile, tous les éléments disponibles sont utilisés et soulignés à des fins décoratives. De même que les hommes, les animaux sont ornés de tatouages et de chaînes.

Surfaces et patines

Le ton de bronze chaud et profond obtenu grâce aux bains de boue, à la fumée, à la suie et aux corps gras convient si admirablement à son art plastique que le nègre peint rarement ses sculptures ; en tout cas, il n'utilise jamais de teintes naturelles, mais de préférence le rouge, le noir et le blanc symboliques. Nous trouvons une palette un peu plus riche chez les Yorouba, les Douala et les Kouyou. Les sommets de coiffure et les masques, essentiellement destinés à l'effet, sont en général plus colorés. De nombreuses figures et des trônes étincellent de perles, de coquillages, d'incrustations de métal et de feuilles d'or. Pour les grandes fêtes, le Noir pare ses figures d'un pagne et d'ornements amovibles, de vrais cheveux et de couronnes en plume imbibés d'ocre. Les sculptures sur lesquelles des vêtements comme veste, souliers ou même pantalon sont reconnaissables, datent d'une époque récente. Dans le cercle des anciennes cours du Bénin et d'Ifé, les costumes et les armes d'apparat étaient réservés au souverain et à ses notables.

DÉCORATION DES OBJETS USUELS

Dans les régions où la sculpture a atteint un degré de développement élevé, le décor figuratif n'est pas exclusivement réservé aux objets du culte, mais s'étend aux ustensiles profanes et au matériel d'un usage courant. Il arrive ainsi souvent que des outils soient ennoblis par des motifs

FIG. 4

d'origine cultuelle. Des images de la déesse mère et du couple ancestral, bien que reprises sur des appuie-tête et des trônes, des carquois, des bobines de tisserand, des plats, des boîtes, des tambours, des cloches et des harpes, peuvent conserver leur puissance et rester le signe d'une force de vie supplémentaire. Les objets aux mains du prêtre (coupe à libation, cuillère, plateau de divination, cloche, sonnette, etc.) et les insignes de la dignité du souverain (trône, sceptre, canne de cérémonie, chasse-mouches, pipe) sont travaillés avec un soin plus grand en raison de leurs fonctions et décorés d'une ornementation plus riche que les ustensiles d'un usage quotidien.

Même lorsque le Noir orne les plus humbles objets profanes par pure joie et amour de la beauté, il lui arrive de trouver les solutions décoratives les plus ravissantes (petites corbeilles, plats, épingles à cheveux, peignes, instruments de musique). Quand il illustre ses pipes, poids, tambours, couvercles, calebasses et dés à jouer de proverbes et de règles de vie, cet art mineur s'épanouit lui aussi jusqu'à atteindre la plénitude de la création. Mais ces objets séduisants se transformeront en pacotille sans intérêt dès que l'appât du gain et le travail en série amèneront les artisans à bâcler sans joie. L'art et la manière avec lesquels le Noir, tout en respectant les proportions et la fonction, accorde l'ornement à la forme excite une admiration profonde. Les boîtes à fard des Baoulé, les harpes des Mangbétou, les coupes céphalomorphes des Bakouba et des Mangbétou, la hache et le pilon des Balouba, les coupes du Cameroun et de la Rhodésie, sont autant d'exemples particulièrement heureux d'un art appliqué dont l'ornementation ne sert pas seulement à décorer, mais aussi à souligner et à exalter la forme. Des reliefs – disposés en bandeaux ou rompant une surface plate – garnissent plats et couvercles, plateaux de divination, portes et poutres.

En ce qui concerne le domaine du décor purement ornemental, géométrique et abstrait, les tribus de l'Est et du Sud-Est africains rivalisent avec celles de l'Ouest et présentent des solutions tout aussi satisfaisantes : nobles vases, corbeilles, cuillères, appuie-tête, boucliers peints et lances élégantes dont le décor se joue autour de la forme suivant des rythmes équilibrés. L'ornementation graphique – peinture, gravure, pyrogravure, intaille – obtenue par impression ou par incrustation de clous, de perles, de coquillages, emprunte beaucoup de ses motifs à l'art du vannier et les transfère à d'autres matières (coupes des Bakouba). Souvent on leur donne un nom et on leur attribue une signification symbolique : un zigzag peut représenter l'éclair, le serpent, l'eau, le feu ou la crinière de l'antilope ; le point-cercle sur le soleil, la suprême puissance de vie (Ashanti), ou l'œil. Ce point était déjà utilisé dans l'ancienne Égypte, mais ensuite et surtout par les Arabes à qui il doit sa diffusion. Avant toute chose, les murs de la maison invitent à la décoration exubérante. En général, l'Africain travaille spontanément, librement, sans se tracer sa tâche par avance – selon ses talents, l'inspiration créatrice ou la routine – et aboutit ainsi, à l'intérieur d'un motif donné, à des variantes toujours nouvelles.

PEINTURE

A l'origine de la peinture africaine, on trouve les œuvres exécutées par des primitifs sur les parois rocheuses. Comme, le plus souvent, le support utilisé est une matière peu résistante : argile, écorce ou sable, elles sont promises à une rapide destruction. Le maître utilise également des peintures lors de l'initiation, comme matériel didactique visuel ; elles servent de symbole à la parole, intensifient la puissance vitale et constituent des objets du culte pour les familles, les sociétés secrètes et les clans totémiques. Elles représentent enfin un moyen dont usent les rois pour apaiser leur soif de glorification (Bamiléké).

PL. 47, FIG. 4 ET PAGE 199

C'est dans l'ornementation des murs extérieurs et intérieurs du palais royal, des greniers et des cases sacrées, des balustrades et des lits que le peintre noir trouve son champ d'action le plus propice. Il trace des motifs dans l'enduit de glaise encore mou et remplit les creux de couleurs qu'il complète souvent par des incrustations de cauris et de perles. Les garnitures de perles recouvrant certains objets donnent presque l'illusion d'une peinture.

FIG. 5 ET 9

Là où les anciennes coutumes sont encore respectées, le peintre noir préfère les dessins géométriques : lignes en zigzag, triangles et rectangles, cercles et demi-cercles, points, rayures et damiers. Quand il peint des hommes et des animaux, ce qui est rare, il les place dans un espace libre, sans perspective ni horizon. Les teintes les plus employées sont, une fois

FIG. 6

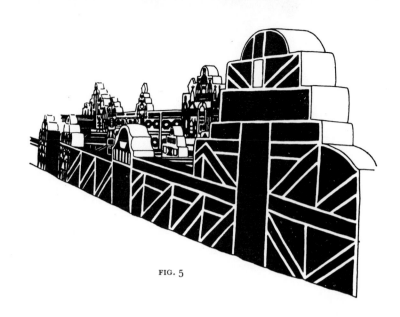

FIG. 5

encore, le rouge, le blanc et le noir. Lorsque apparaissent le bleu, le vert et le jaune ; lorsque vrilles, spirales, étoiles, lunes et croix constellent les peintures, on peut conclure que des influences étrangères ont joué, islamiques ou autres. Des teintes bariolées et criardes, des scènes à figures, trahissent, surtout dans les régions côtières, la marque de l'Europe. Le rôle du pinceau est tenu par des baguettes effilochées ou simplement les doigts. Les aires d'extension de la peinture ne coïncident pas absolument avec celles de la sculpture[1]. A l'exception des tableaux cultuels pour les sociétés d'hommes, la peinture est en général l'œuvre des femmes. Les Bidyogo peignent, au Soudan, dans l'arrière-pays guinéen, jusque dans les savanes du Cameroun et l'Oubangui-Chari ; plus intense encore est la production dans le Fouta-Djalon, le nord du Cameroun et pour la fête Mbari des Ibo. Nous trouvons aussi des peintures dans les régions du sud-ouest du Congo et le bassin de l'Ouélé, chez les Bangba, où le village d'Ékibondo[2] n'a pas une maison qui n'en soit ornée ; en Afrique orientale (Wanyamwézi[3]) et dans le Sud-Est (Mandébélé[4], Wangoni, Basouto, Betchouana) où les femmes disposent aujourd'hui les motifs et les teintes les plus variés en décorations d'un style ample et coloré.

L'art du relief mural se développe le plus souvent parallèlement à celui de la peinture. Motifs et figures modelés dans la glaise sont souvent peints pour que leur action en soit intensifiée. Ce sont la plupart du temps des

FIG. 5
RELIEF

PAGE 109

Bibl.: [1]Haselberger; [2]Scohy; [3]Cory; [4]Meiring

FIG. 6

animaux et des hommes au caractère symbolique qui sont peints sur l'intérieur et sur l'extérieur des cases pour garantir fécondité et force à leurs habitants. Les Dogon, Gourounsi, Sénoufo et Bobo décorent leurs greniers à céréales de reliefs particulièrement beaux. Les Haoussa gravent des versets du Coran dans leur crépi de glaise. Les portes richement ornées des Yorouba, des Baoulé et des Sénoufo sont exceptionnelles, de même que les défenses d'éléphant et les plaques de bronze du Bénin, également travaillées en relief.

FIG. 29 ET 46

VÊTEMENTS ET PARURES

L'importance que le Noir attache aux vêtements et aux parures justifierait un long chapitre spécial[1]. Ces dernières ne sont nullement des adjonctions postiches et fortuites, mais au contraire, des liens précis sont censés les relier à leur porteur. Elles sont la marque de la dignité du souverain, du rang du prêtre, de la position de la femme mariée ; elles caractérisent la grâce de la jeune fille, le prestige du riche, le succès du chasseur et du guerrier. C'est dans les cours, où les questions d'apparences et de protocole jouent un grand rôle, qu'elles sont le plus en évidence. Pour avoir le corps orné de scarifications décoratives, on ne recule devant aucune souffrance et l'on supporte allégrement les spirales qui enserrent étroitement le cou et les bras, les lourds anneaux qui chargent les jambes et les pieds. Les motifs des anneaux de bronze sont dictés par les servitudes de la technique : torsades, spirales, arêtes des cires perdues font le charme de nombreux bijoux de la côte guinéenne. L'usage du cuivre et du fer, plus tard du laiton, et l'amour des perles de verroterie bariolées donnent un cachet particulier à la parure africaine. Il ne tient pas seulement aux matières employées, mais aussi à la manière dont elles sont travaillées et combinées. La décoration s'écarte rarement des motifs géométriques habituels. Le travail du bronze conduit souvent à des solutions nouvelles et ravissantes (métaux précieux). Les Mangbétou ont fait de la tablette sur laquelle ils s'asseyent un ornement à part.

L'usage de la parure prend une importance proportionnelle à celle de l'habillement, les régions islamisées étant donc particulièrement intéressantes. Là, les poches, encolures, devants et dos des amples vêtements

FIG. 2 ET 138

FIG. I ET 2

PAGE 36

Bibl.: [1] Leuzinger

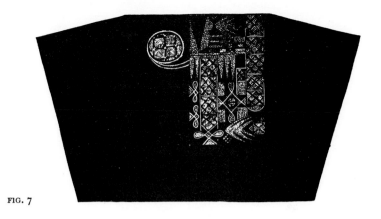

FIG. 7

sont richement brodés. La tunique brodée des Haoussa est ainsi devenue
un costume de fête dans de vastes régions (Cameroun, Nigeria, Soudan
occidental, Touareg du Sahara). Les motifs brodés tirent leur origine
de symboles locaux et se modifient par conséquent suivant les lieux. Le
trésor des formes orientales, en particulier byzantines et arabes, est ex-
ploité par des porteurs qui relient sciemment ses modèles aux traditions
locales : les coins allongés de la fig. 7 représentent des couteaux pour les
Noupé[1], et pour les Bambara les poteaux rituels du palais royal ; les premiers voient aussi dans la rondelle le tambour sacré du roi, alors que les
derniers l'identifient au serpent solaire[2]. Les dessins teints ou peints des
tissus d'habillement ont un rôle plus purement décoratif. Les manteaux PAGE 39
de cuir constellés de perles et de coquillages des pasteurs est-africains et
les toges d'écorce peintes des chefs baganda sont particulièrement beaux.

ARCHITECTURE

L'architecture africaine – sujet qui ne peut être qu'esquissé ici – est, en
gros, accordée au paysage et aux besoins économiques de l'homme. Mais
les nombreuses migrations de peuples ont constamment troublé la continuité du style, produisant une étonnante multiplicité de formes. Les
matériaux de construction sont ceux qui se trouvent dans le voisinage.
Dans les régions de forêt, poutres de bois, nervures des feuilles du palmier, bambous et – pour la couverture – des feuilles, des herbes, des nattes tressées et de l'écorce. Dans les savanes, on emploie la glaise et la terre
dure des termitières en y incorporant des branches et des piquets. Des
ligatures en fibres végétales remplacent clous et crochets. Même là, la PAGE 33
pierre est peu employée.

Bibl.: [1]Baumann, Kunstgewerbe; [2]Pâques

FIG. 8

Ruche   **Types de maison.** La forme la plus primitive est sans aucun doute celle de la ruche, son premier stade étant l'abri de branchages avec lequel les pygmées se protègent du vent : circulaire, incurvé vers l'intérieur dans son tiers supérieur, puis recouvert de feuilles de phrygium. La case en forme de ruche s'est répandue dans de vastes régions de l'Est et du Sud-Est africains (Héréro, Wangoni, Basouto, et, sporadiquement, jusque chez les nomades Foula dans l'Ouest). Elle s'est développée et perfectionnée par l'adjonction de nattes tressées, de fourrures et de crépis, de poteaux intérieurs, de portes et d'avant-corps en forme de tonneaux. Que ce type de demeure simple et facile à transporter soit le préféré des nomades tombe sous le sens. La ligne du toit – depuis le cône tronqué jusqu'au triangle de la tente – offre de nombreuses possibilités esthétiques. Les réalisations les plus marquantes dans ce domaine sont représentées par les demeures des Baganda et des Wanyoro sur le littoral oriental.

Toit conique   La maison à toit conique, avec son soubassement cylindrique distinct,
FIG. 8   est également très répandue dans les steppes. Il existe dans l'Est et le Sud-Est africains, ainsi que dans les régions du Nil, des cases dont la forme extérieure est semblable, mais le principe de la construction différent. Le toit n'est pas supporté par la substructure, mais par une rangée de poteaux qui court tout autour de la maison. Les murs sont généralement en colombage recouvert de glaise ou, dans les pays haoussa de la Nigeria, en mottes de glaise lissées. Dans beaucoup de cases nilotiques ou centre-

PL.4 a – Masque Landa des Toma qui personnifie un chef de tribu légendaire et un esprit de brousse puissant du *Poro*. Au cours de la danse, l'effet produit par les formes sévères et cubistes est considérable ; complété par un costume en plumes et fibres sauvages. Sa vue est interdite aux femmes. Anc. Guinée française *(58 cm)*.

PL.4 b – Masque antilope des Bambara, aux formes claires et cubistes. Le front très bombé, qui ombrage les yeux et le nez puissant, reflète l'impitoyable puissance de la société secrète *Koré*. Anc. Soudan français. *Tous deux au musée Rietberg, Zürich. Coll. v. d. Heydt (78 cm).*

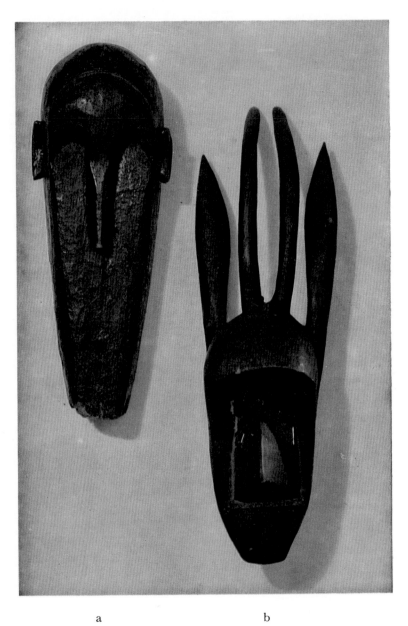

a   b

FIG. 9

soudanaises, le revêtement extérieur des murs est constitué par des nattes à dessin. (Le palais d'un roi barotsé est orné de ces nattes, mais à l'intérieur.) L'espace entre les murs et la couronne de poteaux qui portent le large toit, forme une sorte d'auvent ombragé.

Le visage de la demeure est avant tout fonction du toit, qui peut être incliné en pente, en forme d'oignon ou de cloche (Nouer), ou encore pointer vers le ciel à la façon d'un beffroi (Béna-Louloua, Azandé). Une nécessité technique, à savoir l'ajustage des pièces de charpente du toit, est ainsi mise à profit et transformée en élément décoratif du plus bel effet. Les Bapendé ornent même leurs toits de sculptures ; les habitants du Togo, de l'Éthiopie, etc, en couronnent le faîte de motifs en terre cuite. D'heureuses combinaisons toit-soubassement se rencontrent dans certains greniers et cases rituelles (Kredj, Nilotiques, Azandé, arrière-pays guinéen) ; une séparation en planches divise l'intérieur de la demeure en deux parties, l'une réservée à l'habitation, l'autre aux provisions. Parfois même des murs divisent le local d'habitation en plusieurs pièces.

Toit à faîte   La case au toit à faîte, bâtie le plus souvent en matériaux végétaux sur un plan quadrangulaire, occupe une aire relativement limitée dans les régions très boisées de l'Ouest africain, ainsi que dans les parties nord et ouest du Congo. Le principe de la construction est celui des pilotis : des poteaux portent des poutres entrecroisées qui à leur tour portent le toit,

FIG. 10

les interstices entre les montants étant bourrés de matériaux de remplissage et de nattes tressées, ce qui donne une structure extrêmement compacte ; la demeure peut aussi être édifiée avec sept panneaux, sans qu'on l'enfonce dans le sol. Ces panneaux, de matière végétale, ont, en raison de leur élasticité, le grand avantage de résister au vent et d'être faciles à transporter.

Lorsque la panne faîtière s'incurve des deux côtés sous le poids de la couverture, on obtient le profil en «carapace de tortue». Le toit qui s'allonge de l'un des côtés du faîte, soutenu par des poteaux de bois, forme un auvent dont l'ombre est propice aux réunions familiales et amicales. *Carapace de tortue*

Ce type de maison a atteint des dimensions particulièrement considérables dans les territoires des anciens royaumes. Le palais du roi mangbétou Munza était un vaste hall aéré, de 50 mètres sur 25 et haut de 17. Parmi les demeures du littoral guinéen et du Cameroun, quatre ont à leur centre une cour ou impluvium dont le plan a été importé des régions méditerranéennes. FIG. 9 ET PAGE 113

De telles maisons, avec leur surface murale relativement grande, offrent de remarquables possibilités à l'ornementation (revêtements décoratifs, écorces peintes, etc.). Une variante de ce type a donné naissance aux majestueuses coupoles des prairies du Cameroun. FIG. 81

Tembé est le nom donné à une maison rectangulaire, faite de glaise et de branchages, presque entièrement enfoncée dans le sol pour la protéger des intempéries et des attaques ennemies. Ce modèle d'habitat est particulier à une région limitée de l'Afrique orientale, entre le lac Victoria et le Kilimandjaro. Les ensembles de tembés ont donné naissance à des agglomérations en labyrinthe, avec ruelles et cours, qui présentent l'aspect de polygones fermés. De même, certains villages du Soudan oriental (plus rarement dans l'est du continent) sont composés de demeures à plusieurs pièces creusées dans le sol. Des constructions analogues se rencontrent dans l'ouest du Sahara et le bassin méditerranéen. *Tembé*

L'usage du pisé – nourri par des influences venues de la Méditerranée ancienne, de l'Orient et plus tard des pays musulmans – a marqué de son sceau l'architecture du Soudan occidental. Palais, forteresses, mos-

FIG. 11

quées, villages entiers de maisons plates en forme de caisses, sont bâtis en terre argileuse battue sur place, et utilisée sous forme de simples mottes, ou de briques quadrangulaires séchées à l'air (Bambara et Bobo). Les parties de la charpente font saillie sur les murs, constituant ainsi un décor qui rappelle le style des mosquées, d'origine mauresque, avec ses tours hérissées, ses créneaux et ses bas-reliefs muraux. La même glaise forme les cloisons intérieures des palais, les lits et les jarres enfermant les provisions.

FIG. 12

Dans l'arrière-pays du Ghana, du Togo et du Dahomey, nous rencontrons même des sortes de forts qui démontrent de façon convaincante le principe de la communauté refermée sur elle-même pour se protéger contre les dangers extérieurs. Leurs cases au toit conique rappelant des tours, sont entourées par un mur d'enceinte massif et la cour intérieure est recouverte par une terrasse où se déroule la vie familiale quotidienne. Des échelles conduisent aux étages supérieurs.

FIG. 10

Une des réussites les plus remarquables de l'architecture africaine en pisé est constituée par les audacieuses cases en obus des Mousgou, dans le sud du lac Tchad, au bord du Logoné. L'extérieur des murs est recouvert de motifs décoratifs sur lesquels tranche violemment l'encadrement lisse des portes. L'espace intérieur est divisé en plusieurs pièces où règne une agréable fraîcheur.

FIG. 11

DEUXIÈME PARTIE

ÉTUDE RÉGIONALE DES STYLES

I. – INTRODUCTION AU SOUDAN
ET À L'AFRIQUE DE L'OUEST

Bien que le nom de Soudan signifie «Terre des noirs», ce vaste pays ou-
vert, avec le rouge du sol, le vert clair de la brousse et des forêts, les calmes ondulations des champs et les couleurs éclatantes des marchés, n'a
guère de noir que la peau de ses habitants. Région d'élection de la savane, qui s'étend depuis les steppes d'épineux jusqu'aux forêts épaisses
de la côte guinéenne et du Congo, elle a un climat tropical avec une saison des pluies très marquée en été et une période sèche l'hiver.

SAVANE

Nous nous limiterons, dans ce voyage à travers les styles, à la seule région
qui ait donné naissance à un art plastique important, c'est-à-dire la partie ouest comprise entre la boucle du Niger et la lisière de la forêt vierge.
Ses habitants, grands et fiers, sont des agriculteurs diligents qui, dans
leurs champs cultivés à la houe, récoltent millet et maïs. Ils possèdent
une organisation tribale solide, une religion qui leur est propre et une
civilisation remarquable. Leurs mythes et légendes font revivre un passé
riche de gloire. Le Soudanais, dont le sang est mêlé à celui des anciens
Éthiopiens, a eu sa culture influencée par de nombreux apports chamitiques, méditerranéens et orientaux. Il ne fait plus de doute aujourd'hui
que les dispositions dynamiques des envahisseurs ont éveillé les dons
latents du Noir et l'ont conduit à un épanouissement culturel dont nous
ne pouvons plus que deviner les premiers stades. Le Soudanais est en
contact particulièrement étroit avec le nord, avec les Berbères, les Maures, les Touareg, les Arabes. Quand Carthage, Cyrène et Rome étaient
au temps de leur splendeur, les pistes caravanières du Sahara voyaient
passer l'or, l'ivoire et les esclaves achetés au Soudan ; de son côté, celui-ci
importait des tissus, du cuivre et des perles de verroterie. Jusqu'à une
époque extrêmement récente, il échangeait son or contre du sel, du laiton
et des textiles. C'est autour de ses marchés que se sont constituées les
grandes villes. Mais les étrangers venus du nord n'apportaient pas que
du cuivre et des perles ; ils diffusaient des idées nouvelles et des méthodes
de travail inconnues. L'élan ainsi reçu permit au Noir de prendre cons-
cience de lui-même et de reconnaître ses propres talents. Il apprit à
mieux s'organiser et de nombreux royaumes se formèrent au Soudan
avec des cours somptueuses.

PAGE 12

Dans les récits d'Al-Bakrî (XIᵉ s.), de Yâkut al-Rûmi (XIIIᵉ s.), d'Ibn-
Batûta et Ibn-Khaldun (XIVᵉ s.), nous trouvons des descriptions en-

Empires anciens

thousiastes de la splendeur et de la richesse en or des résidences noires. Le Ghana, par exemple, fondé par les Berbères, s'étendit du Sénégal au Niger supérieur entre le IVe et le XIIIe siècle. L'empire noir du Mali (tribu Mandé) atteignit son apogée sous le règne de Mansa-Musa qui, pour mieux connaître l'Islam, entreprit en 1324 ou 1326 un grand pèlerinage à la Mecque où il engagea des maîtres et des architectes qui devaient lui construire des mosquées, des palais et introduire à sa cour une culture intellectuelle raffinée. L'empire du Mali eut un dangereux rival dans l'Etat voisin du Songhaï qui acquit une puissance considérable au XVIe siècle sous Askia. C'est sur les ruines du Mali que les Bambara érigèrent en 1660 leurs empires de Ségou et de Kaarta, eux-mêmes détruits vers 1850 par l'invasion brutale du conquérant toucouleur El-Hadj-Omar. En Haute-Volta, un empire Mossi-Dagomba se forma au XIe siècle. Ces civilisations raffinées, soutenues par l'influence politique d'Etats forts, atteignirent et inspirèrent aussi les pays guinéens : Ashanti, Dahomey, Ifé et Bénin sont les noms de cours somptueuses qui eussent été inconcevables sans les apports de la Méditerranée et de l'Orient. La région du Tchad était la principale porte d'entrée pour les caravanes qui affluèrent, venues de la vallée du Nil et de l'Éthiopie par le Kordofan et le Darfour, afin d'introduire idées et techniques nouvelles dans les bassins de la Bénoué et du Niger, dans les savanes camerounaises et le Congo.

Civilisations évoluées   C'est ainsi qu'en Nigeria s'était développée une série d'empires importants : Yorouba, Bénin, Noupé, Joukoun, Bornou, Etats haoussa et foula. Même s'ils se désagrégèrent au cours des siècles ou sombrèrent dans une tyrannie féroce, ils n'en furent pas moins les instruments d'une élévation du niveau général de la culture soudanaise, dans les domaines spirituel et matériel. Les cases rondes des paléonigritiques furent remplacées par des demeures à toit en terrasse et des greniers, des forts, de grands palais à cours intérieures, le tout construit en terre glaise.

Dans le tableau fort complexe de la culture soudanaise où ancien et moderne s'entremêlent, il convient en premier lieu de distinguer entre la civilisation agricole paléonigritique (Paléosoudanais) et les éléments apportés de l'extérieur (Néo-soudanais).

Paléosoudanais   Le Soudanais des temps primitifs tire sa force de la grande famille patriarcale qui vit dans des fermes entourées d'une enceinte. L'autorité est aux mains du conseil des Anciens et surtout du doyen de la tribu qui préserve la tradition. Le «Seigneur de la terre», chargé d'administrer les biens de la collectivité, remplit également une fonction importante.

Néo-soudanais   Les Néo-soudanais ont poussé le concept du chef jusqu'aux extrêmes d'un souverain puissant et sacro-saint. Sous la pression des Foula, des

66

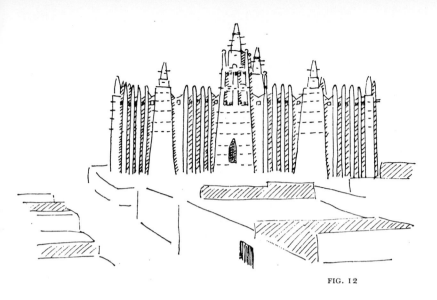

FIG. 12

Maures, des Arabes, etc, ils ont laissé pénétrer l'influence islamique, mais les minarets en cactus des mosquées (où le prêtre monte pour appeler les fidèles à la prière) se rencontrent surtout dans les villes ; le culte des ancêtres et des esprits, profondément enraciné dans les populations agricoles isolées, n'a pu être supplanté par l'Islam. Les paysans, qui n'avaient pas oublié les invasions brutales des mahométans conquérants, ne se montraient nullement disposés à adopter la religion de ces guerriers étrangers. Le christianisme se heurte aux mêmes résistances. Le Noir discerne le danger du matérialisme que la civilisation européenne traîne à sa suite (malgré sa religion) ; il se sent également menacé dans l'ordre qu'il avait si longtemps préservé et met tout en œuvre pour le sauver. C'est ainsi qu'aujourd'hui encore l'entrée de certaines régions est interdite aussi bien au christianisme qu'à l'Islam, et la religion autochtone, dans laquelle l'art plonge ses racines, favorise toujours la floraison de l'ancienne plastique. L'art indigène s'épanouit encore dans de vastes régions du Soudan occidental et des Guinées.

Sous l'influence des cours fastueuses, les Soudanais ont développé les *Arts appliqués* métiers d'art et se sont exercés aux techniques les plus raffinées (fonte du bronze, cire perdue, filigrane, cuir et métal repoussés, etc.). Le vêtement, recouvrant tout le corps, rendait le tissage indispensable : les femmes filaient le coton, les hommes le travaillaient sur leurs métiers horizontaux. Les couvertures de laine à dessins géométriques sont une spécialité de la boucle du Niger.

Les Haoussa et les Mandingues sont célèbres pour leur travail du cuir qu'ils ornent au moyen des procédés les plus divers. Comme éléments du

FIG. 12

PAGE 39

67

décor, ils ont une préférence pour les entrelacs, les nattés, les nœuds, les rosaces, les tourbillons, les croix, les rectangles avec rosettes aux coins, les svastikas et les arcs de cercle disposés en frises. Dans les agglomérations importantes, les artisans se réunissent en corporations et choisissent leurs femmes à l'intérieur de celles-ci.

FORÊT VIERGE La forêt vierge, la sylve primordiale, a englouti, vague après vague, les peuples qui ont déferlé sur le Soudan. Elle recouvre une bande littorale relativement étroite depuis le Sénégal jusqu'au nord de l'Angola, s'élargissant puissamment en chemin dans la zone équatoriale. Particulièrement dense au Libéria et en Nigeria orientale, elle est coupée de savanes dans la région baoulé de la Côte-d'Ivoire, au Dahomey, au Togo, dans l'ouest de la Nigeria et l'est de la Côte-de-l'Or.

En Afrique équatoriale, il n'y a pas de saison sèche. Les pluies tombent toute l'année, particulièrement abondantes au printemps et à l'automne. Semailles et récoltes se succèdent sans relâche jusqu'à ce que, le sol étant épuisé, les villages soient abandonnés et de nouvelles parcelles défrichées. Assurément, la fertilité est débordante, mais les ennemis sont nombreux : le climat chaud et humide qui ne connaît pas les nuits fraîches, la mouche tsé-tsé et d'autres insectes nuisibles, les marais et les dépressions ravagés de fièvres qui interdisent presque au Noir la possibilité de mener une existence digne d'un homme. Et pourtant, il a réussi à se fixer dans les parties les moins denses de la forêt ! Il a gagné des terres cultivables en brûlant la végétation hostile, il les a travaillées à la houe et au plantoir, puis y a semé des ignames, des taros, du manioc, voire même du riz sous l'influence du Soudan. La jungle rendant difficiles les relations avec le monde extérieur, ses habitants ont développé leur vie tribale sous la forme de petites associations familiales. Leurs villages ont l'aspect de longues rues bordées de cases au toit à faîte. Des civilisations de niveaux très différents subsistent côte à côte. Le Bénin, îlot de culture évoluée au milieu de l'océan des forêts, apporte la preuve que la volonté créatrice de l'homme peut triompher des conditions de vie les plus défavorables : sociétés secrètes et masques règnent sur de vastes régions de la sylve où ils ont suscité d'étonnantes réussites artistiques.

II. SOUDAN OCCIDENTAL

Les Bambara, qui comptent environ un million de représentants dans l'ouest du Soudan, appartiennent, par la race, à l'important groupe des Mandingues et, par la langue, à celui du Mandé-tan. En raison d'un apport considérable de sang éthiopien, ils sont plus grands et plus clairs de peau que les autres Noirs du Soudan. Intelligents, dignes, ils sont très fiers de leur passé guerrier. Aujourd'hui, ces agriculteurs pacifiques défendent leurs anciennes traditions contre l'islamisme et le christianisme. Leur influence s'étend bien au-delà des territoires qu'occupe leur race. Leur style se retrouve en effet dans les œuvres de leurs voisins ou des tribus vivant au milieu d'eux, Khassonké, Malinké, Marka et Minianka. Il est bien difficile d'identifier les variations des caractères artistiques d'après leur lieu d'origine. On croit parfois avoir reconnu une figure khassonké à son nez busqué et voilà que le même appendice surgit, inopinément, dans une pièce purement bambara. Leurs sculptures sont aux mains des Nouni. Ceux-ci constituent dans les pays bambaras de race ancienne une caste méprisée et redoutée, très répandue, qui, au Soudan, a sous sa coupe non seulement le travail de la forge, mais la sculpture, les masques et la magie.

Caractères du style: puissance architectonique et formes sévères, aux arêtes vives; lignes transversales dans la coiffure (comparer les petites nattes pointant effrontément sur les côtés de la tête que les femmes bambara se font encore aujourd'hui); visages concaves au profil droit, à la bouche anguleuse – les figures ségou ont un nez en bec d'aigle qui dessine une courbe audacieuse, prolongée par la ligne du front et celle du crâne; corps minces, en fûts de colonne; seins globuleux, bras pendant librement, parfois terminés par de grosses mains en forme de pattes aux paumes ouvertes.

Les statues des Malinké ont un aspect un peu plus vivant avec des bouches de crapaud proéminentes et d'exubérantes frisures.

Les Bambara, qui utilisent peu la couleur, agrémentent leurs sculptures d'ornements et de clous en métal, leur incrustent des cauris et des perles à la place des yeux et leur suspendent de délicats anneaux de cuivre jaune au nez et aux oreilles.

Alors qu'un soir je traversais la savane en voiture non loin de Bamako, j'ai rencontré une troupe de danseurs masqués : lions, hyènes, antilopes et esprits couraient, sautaient, bondissaient, tournoyaient, se dislo-

BAMBARA

PAGE 14

FIG. 13

Masques

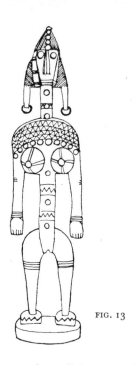

FIG. 13

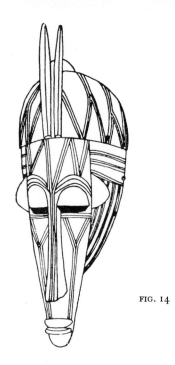

FIG. 14

quaient : il s'agissait de porter des offrandes au Grand Esprit de l'eau, Ko-ré, car la pluie se faisait désirer depuis longtemps. J'avais sous les yeux la preuve la plus frappante que les masques bambara font toujours partie des pratiques cultuelles vivantes. Par la suite, j'ai appris qu'ils sont trai-tés comme des êtres vivants, qu'on leur apporte des offrandes et qu'on les enterre rituellement quand ils ont achevé leur office. Indispensables aux sociétés religieuses, ils représentent les manifestations multiples de Faro, créateur et guide de l'univers, qui a donné aux hommes la cons-cience, l'ordre, le sentiment de la responsabilité, et veille sur le travail ainsi que sur la justice[1]. Un unique masque aux arêtes vives représente un visage volontaire et confère une puissance illimitée à celui qui le porte.

PL. 4 b

La société placée sous son égide est chargée de la fertilité des champs ; elle travaille avec des masques de lions, d'hyènes et d'antilopes. Le re-présentant du puissant Koré chevauche un bâton orné de têtes de cheval ou d'oiseau stylisées : chef-d'œuvre d'un art abstrait.

Un type de masque particulier, aux volumes également simples et cubi-ques, orné de nombreux cauris, c'est N'tomo, l'esprit qui protège le jeune garçon avant son entrée dans le cercle des adultes. Il a pour mission d'éveiller et de renforcer son sens de la discipline et de la solidarité. Le

[1] Dieterlen

PL. 5 – *Tyi-wara*, autrefois envoyé par le Créateur pour enseigner aux Bambara la culture du blé ; sa danse dans les champs assure fécondité et force à tous. Malgré sa structure extrêmement décorative, ce mâle du type Minianka-Ségou rend sensible l'esprit de la vaillante antilope mythique. Mais on ne peut se rendre exactement compte des proportions que si l'on se représente la sculpture posée bien haut sur la tête du danseur en manteau de fibres et masqué de rouge *(80 cm)*. Le dessin du tissu de coton obtenu avec un fin limon de rivière représente le Cosmos (p. 39, 73). Anc. Soudan français. *Coll. E. Leuzinger.*

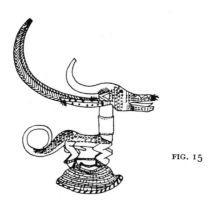

FIG. 15

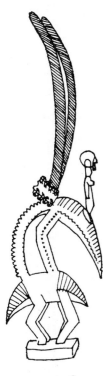

FIG. 16

*Masques de
danse antilopes*

PL. 5

masque caractéristique des Marka, dans le cercle de San, est étroit, avec un menton pointu ; l'élément décoratif est rehaussé par des peintures ou des applications de métal en feuille. Les Marka les revêtent de costumes d'étoffe bariolée et les disposent par deux pour représenter la cour qu'un homme fait à une femme (Fig. 14).

Les masques d'animaux ont conduit à des abstractions raffinées. Les Bambara les appellent *boli*, concept général qui englobe toutes les figures habitées par les puissants esprits de la Terre et ils les placent dans des champs pour écarter les démons (éléphants, pécaris, etc.).

Les Bambara ornent aussi de visages et de silhouettes étirés les escabeaux, les serrures des greniers, les sistres, flûtes et autres instruments sacrés de la société secrète. Dans les régions de Mopti et de San, il existe des marionnettes sculptées et habillées pour jouer les farces et comédies.

Pourtant, les créations qui ont valu une célébrité mondiale à l'art bambara, ce sont les *tyi-wara :* des sommets de masque en forme d'antilope – cet animal est l'emblème de la tribu. Il est fascinant de suivre les variations infinies de ce motif fondamental en conjonction avec des figures et d'autres animaux : preuve que le Bambara ne s'en tient pas servilement aux précédents, mais donne libre cours à sa fantaisie et finit même par matérialiser ses visions dans une forme rigoureusement abstraite.

Dans la zone d'influence de Bamako, sur le haut Niger, on rencontre surtout le type horizontal : les cornes de l'antilope s'écartent en largeur, la bouche est souvent largement fendue comme si la bête allait hennir de joie ; la ligne du dos décrit une courbe délicate ; de fines encoches animent les plans de la surface et indiquent les poils, mais il arrive aussi que la surface soit tout à fait lisse. La queue est parfois enroulée comme celle d'un caméléon – celui-ci devait apporter l'immortalité aux hommes, mais il s'est mû avec une telle lenteur qu'il a été rejoint par d'autres animaux, ce qui a remis l'immortalité en question. Les pattes sont représentées par des zigzags puissants, les cornes souvent multipliées et ornées de FIG. 15 minuscules figurines de femme ou d'oiseau.

Dans les villages en direction de Bougouni, ce type horizontal est remplacé par le sougouni, vertical. D'après les Bambara, il daterait d'une FIG. 16/17 époque plus ancienne et serait l'attribut d'une danse frénétique de l'antilope. Là, la crinière est stylisée sous forme de zigzags ; le corps de l'antilope repose sur un animal qui réunit de nombreux éléments associés avec le plus capricieux arbitraire – caméléon, cheval, céphalophe – et que couronne souvent une figure de femme. Une attention particulière est accordée au profil de la sculpture. Parmi les spécimens que nous possédons dans les musées européens, il n'en est pas deux semblables. Les formes naturelles tendent de plus en plus à l'abstrait et au surréaliste jusqu'à ce qu'enfin un caractère distinctif unique – corne ou crinière – soit nette- FIG. 18 ment indiqué pour concentrer les regards sur la puissance de l'esprit.

Les ustensiles les plus courants sont également décorés de ce motif chargé de sens. Quand j'ai demandé ce que représentait le dessin de l'étoffe reproduite page 71, on m'a aussitôt répondu : «C'est l'antilope[a].»

De superbes tyi-waras proviennent également de la région entre Ségou, San et Koutiala (parfois même du pays minianka), généralement rattachée au style ségou (Pl. 5). Ces antilopes donnent une impression de verticalité accentuée ; la crinière ajourée du mâle constitue la liaison entre le petit corps très court et la courbe hardie des cornes ; par contre, la femelle, dépourvue de crinière, a des cornes droites et porte sur son dos un faon à courtes pattes. La subtilité avec laquelle l'antilope est, selon les contrées et les conceptions artistiques, combinée avec d'autres êtres vivants, représentée dans un style tantôt organique et naturaliste, tantôt abstrait, et sublimée par le génie créateur du sculpteur, est une des nombreuses merveilles de l'Afrique noire. Le jeu complexe et raffiné des formes, la pureté des lignes, la fantaisie débordante des courbes et des crinières, l'équilibre des rythmes ne peuvent qu'être bien imparfaitement devinés à travers nos reproductions.

Lors de tous les grands événements, des enterrements, des fêtes, de l'initiation, des prières pour la pluie, pour la fertilité des champs, avant la chasse, le tyi-wara conduit les danses, porté par des jeunes gens, applaudi par les jeunes filles somptueusement parées de cauris et qui accompagnent le spectacle de leurs claquements de mains.

Les Dogon, ainsi qu'ils se nomment eux-mêmes, ou Habbé (=incroyants) DOGON comme les appellent les Foula, montés du Sud depuis plusieurs siècles,

FIG. 17

---

[a] En français dans le texte

FIG. 18

se sont établis sur le plateau rocheux difficilement accessible de la boucle du Niger (au sud de Tombouctou, entre Bandiagara et Hombori). Quelques-unes de leurs tribus se sont retranchées dans cette forteresse naturelle que seules des échelles permettent d'atteindre, pour se mettre à l'abri des attaques ennemies et sauver leur civilisation du fanatisme musulman. La terre arable, peu abondante sur les terrasses et au bord des falaises, est difficile à irriguer et ne porte guère que du millet et des légumes. La sculpture des Dogon, aussi volontaire que ses créateurs, constitue pour cette raison l'un des documents les plus notables de l'art africain. Le groupe le plus ancien, qui pourrait remonter à plus de deux siècles, est celui des *tellem* (Pl. 6).

Caractères : bois dur, ressemblant à de la pierre, avec une patine gris cendre ou rouge finement craquelée ; attitudes mouvementées et expressives, gestes souvent pathétiques, par exemple bras levés, ou mains sur les oreilles pour mieux percevoir le son, bouche largement ouverte comme pour appeler, etc. ; menton prognathe ; nombreuses figures disposées par paires sur un socle, ou hermaphrodites avec une couronne de barbe et des seins pointus ; nombril proéminent ; dos ensellé ; hanches larges et puissantes ; souvent agenouillées, ces figures ont des pieds exagérément grossis et portent parures, hache ou enfant. Dans le même bois dur : les *bazous*, figures d'animaux expressionnistes, fortement stylisées, la gueule ouverte, qui veillent sur les arbres, les champs et sont utilisées pour protéger contre les vols.

Les tellem aux bras levés, souvent combinés avec des animaux, apparaissent aussi sur les objets du culte, les tabourets et les auges. Ces dernières servent encore aujourd'hui aux épreuves que subissent les jeunes avant d'entrer dans la communauté des adultes. Une phase plus récente de la statuaire dogon aboutit à des formes statiques et géométriques qui intensifient encore sa gravité solennelle et sa majesté sereine.

FIG. 20

PL. 7

Caractères : volumes clairement délimités ; formes anguleuses aux arêtes vives rarement interrompues par des courbes ; corps et membres taillés à facettes, nombril en pyramide ; la tête forme souvent, avec le profil droit que prolonge sans heurt la raie médiane de la chevelure, un demi-cercle gracieux, coupé à angle droit à la hauteur du menton ; yeux et bouche triangulaires ou quadrangulaires ; oreille : un bourrelet en demi-cercle ; nez : un bâtonnet ; beaucoup de barbes et de lèvres percées d'un ornement. Les mêmes motifs, mais rendus de manière plus simple et plus sévère encore, se retrouvent dans les bas-reliefs des portes et des volets. Le couple mythique des ancêtres apparaît sur les serrures, les sièges, les boîtes à beurre, etc.

FIG. 21

Cavaliers passionnés, férus de danses équestres, les Dogon représentent volontiers des chevaux et des cavaliers stylisés, par exemple sur leurs coupes rituelles (Fig.22). La renommée assure que les prêtres et les initiés y mangeaient de la chair humaine lors des grandes cérémonies[1].

A côté de représentations schématiques, figées dans le formalisme, l'art dogon atteint aussi dans ses masques l'abstraction la plus osée. Le magnifique masque singe du Musée de l'homme, si souvent reproduit, est particulièrement impressionnant.

Caractères: contours étroits, aux angles souvent droits, aux articulations pointues; joues creuses, verticales, coupées par un nez mince comme une planche. Celui-ci est parfois lui-même brisé par un zigzag qui donne une ligne de profil très décorative; bouche stylisée ou saillante à la manière d'un bouchon; visages humains, mais où se mêlent des éléments provenant d'animaux mythiques: antilope, hyène, buffle, singe, oiseau, serpent. Les masques humains incarnent des anciens, des prêtres, des chasseurs, des sorciers, ou encore des jeunes filles[2]. Le masque «maison à étages» consiste en un visage surmonté d'une planche ajourée haute de cinq mètres environ: forme qui dérive de la cosmogonie des Dogon et de l'image qu'ils se font de l'univers.

[1] Kjersmeier, Centres I.   [2] Griaule, Masques dogons.

PL. 6 – Une ancêtre, à la lèvre traversée d'un bâtonnet, demande la pluie. La main ouverte l'appelle, l'autre l'arrête. Les anciens *tellem* (dont on ne connaît plus le créateur) sont entourés de mystère. Les Dogon les gardent dans leurs greniers et des creux de rocher, à l'abri des regards des non-initiés, et leur apportent des offrandes. Anc. Soudan français. *Musée Rietberg, Zürich (98 cm).*

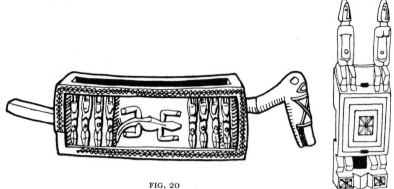

FIG. 20   FIG. 21

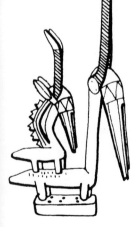

FIG: 19

FIG. 23

Le *kanaga*, ce masque sommé d'une sorte de croix de Lorraine, a une profonde signification cosmique . Tout en haut, de nouveau le couple ancestral ; quant à l'étrange apparition de la croix de Lorraine, elle a donné lieu aux interprétations les plus diverses : on y voit en général le symbole cynégétique de l'oiseau «déployeur d'ailes de brousse» ; d'après Kjersmeier, ce serait le crocodile du mythe dogon selon lequel les premiers arrivants auraient traversé le fleuve sur le dos de ce saurien. Pour Griaule, ce serait le symbole de l'équilibre entre le ciel et la terre, la représentation de l'ordre sacré dans l'univers[1].

Les masques polychromes sont complétés par un costume de fibres teintes en rouge, des cauris et des ornements tressés. Chacun des quatre-vingts types qu'ils comprennent exige un pas de danse différent, parmi lesquels le kanaga se distingue par un déchaînement effréné. Même le masque «maison à étages» ose se lancer dans des entrechats acrobatiques. Ceux du rituel Naba apparaissent dans le village lors de tous les événements importants ; à l'enterrement des membres importants de la société secrète, ils dansent sur le toit en terrasse du défunt. Les masques animaux apaisent par des danses mimées les âmes du gibier tué à la chasse et sont implorés pour la protection contre les pilleurs des champs.

Tous tirent leur origine de l'énorme «mère des masques» souvent haute de dix mètres, que l'on ne peut bien entendu déplacer. Sur son visage anguleux trône une planche ajourée aux étages géométriques qui aboutit à une gueule largement ouverte. Ce masque, vénéré comme la plus sacrée des reliques, est caché dans le secret du sanctuaire et réjoui par des offrandes. Il est le siège de la première âme humaine, Nyama, l'immortelle force vitale.

[1] L'art nègre, Prés. afr.

FIG. 22

On le voit habituellement tous les soixante ans, lors de la grande fête Sigi. Comme les masques dogons sont faits en bois léger de kapokier, ils se brisent facilement; aussi doit-on constamment les restaurer et peu d'entre eux atteignent un grand âge.

Simple reflet de ce culte des masques, des motifs les représentant apparaissent sur les parois rocheuses des sanctuaires: rouges, blancs, noirs et réduits à de simples symboles.

MOSSI

Les dynamiques Mossi, établis au sud des Dogon, ont créé des Etats aux fortes structures et cultivé, surtout dans leurs villes, l'esprit de la civilisation islamique. Mais dans les campagnes, coutumes et usages paléonigritiques ont réussi à subsister. Il ne nous est malheureusement parvenu que peu d'exemplaires de leur statuaire.

Caractères: visage stylisé, ovale, blanc, sans bouche; trous triangulaires à la place des yeux; nervure centrale en guise de nez, cornes droites et oreilles d'animaux; les masques mâles sont surmontés d'un motif ajouré haut de 2 mètres; les masques femelles portent une figure de femme aux formes cylindriques et aux seins pointus; les membres sont pourvus d'articulations; la peinture est noire, blanche et rouge.

PL. 9
BOBO

Parmi les divers agriculteurs bobo implantés dans l'ancien Soudan français et la Haute-Volta, les

FIG. 23

PL. 7 – Figures d'ancêtres des Dogon, fortement stylisées. Le couple se distingue par un équilibre raffiné des volumes et des vides. La puissance de la perpendicularité s'exprime dans le bras que l'homme passe autour du cou de la femme et qui crée en même temps un lien subtil entre les deux figures. Elle répond par une légère inclinaison de la tête et cette dissymétrie presque imperceptible confère un grand charme à la composition.

En tant qu'ancêtres de la tribu, ils possèdent une force créatrice particulière. On leur dédie chaque année une cérémonie mortuaire avec des sacrifices, pour leur demander la santé, la fécondité et de bonnes récoltes. Si l'un des dignitaires de la société meurt, on dépose un certain temps son corps auprès des statues dans le saint des saints de la grotte. Anc. Soudan français. *Musée Rietberg, Zürich. Coll. v. d. Heydt (63 et 66,5 cm).*

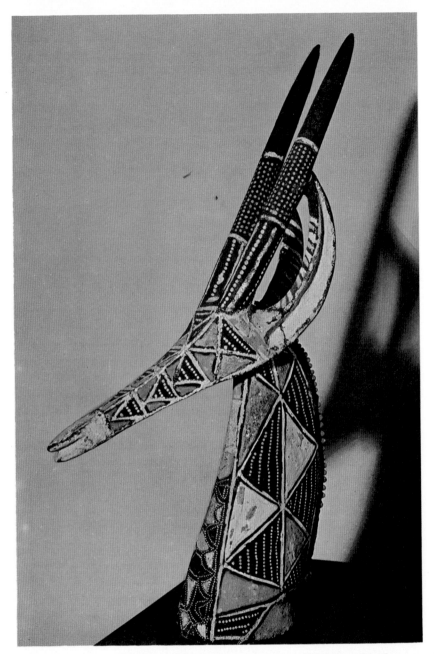

PL. 8 – Représentation irréelle d'une antilope pleine de grâce et d'élégance dont les cornes incrustées resplendissent de bleu clair. Les danseurs Kouroumba du pays Aribinda assujettissent la sculpture au moyen d'un filet sur leur tête pour chasser les âmes hors du village à la fin de la période de deuil. Haute-Volta. *Musée de l'homme, Paris (70 cm).*

FIG. 24

Bobo-Fing (Bobo noirs) de la région de Bobo Dioulasso, occupent une place à part. La personnification de l'esprit Dô, protecteur du village, est bien connue: c'est par exemple un masque orné d'un signe héraldique qui délivre la contrée des démons pour les fêtes des morts et au début des travaux dans les champs.

Caractères: masques en hauteur ou en travers; dessins géométriques rouges et blancs, nombreux motifs en damier, zigzag, triangle et cercle; yeux ronds; bouche proéminente quadrangulaire ou rhomboïde; représentation d'animaux: papillons, oiseaux, buffles. Des masques antilopes hauts, étroits, au dessin géométrique trahissent une affinité avec ceux des Douala.

Les Lobi (Paléosoudanais) sculptent des statuettes protectrices et des sièges casse-tête à trois ou quatre pieds en forme de figures.

Les Sénoufo, ou Siena comme ils s'appellent eux-mêmes, comptent aujourd'hui plus d'un million de représentants fixés dans de vastes régions de la Côte-d'Ivoire septentrionale, certaines parties de la Haute-Volta et de l'ancien Soudan français. Contrairement à plusieurs de ses voisins, ce peuple d'agriculteurs, paisible et conservateur, n'a été incorporé dans aucun empire par le passé, aussi a-t-il pu garder intacts les croyances et les usages de ses ancêtres. Les Minianka, branche plus nordique des Sénoufo, se trouvent, au point de vue artistique, dans la zone d'influence des Bambara. Le centre de la sculpture sénoufo caractéristique se trouve dans la région de Korhogo, au milieu de la fertile savane humide de l'arrière-pays de la Côte-d'Ivoire. Les arts sont entre les mains de castes déterminées: le sculpteur, le forgeron et le bronzeur sont les plus honorés. Les plus belles œuvres de la statuaire sont inspirées par le culte de la société Poro. Les chefs-d'œuvre choisis étaient gardés dans le bois sacré où elle célébrait ses rites et dont l'entrée était interdite aux non-initiés sous peine de mort. Ils n'ont surgi au grand jour que depuis peu d'années, quand le prophète Massa introduisit un nouveau culte fétichiste, ce qui provoqua l'abandon de l'ancien matériel sacré.

Caractères. – 1.) Type *déblé:* corps et membres allongés, cylindriques, sur un socle étroit; parfois

FIG. 24

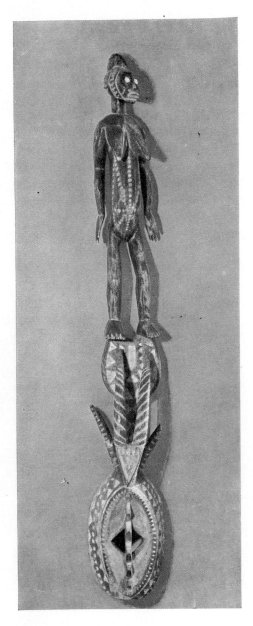

PL.9 – Cette antilope koba est l'emblème des Mossi du pays Yatenga. Le masque qui symbolise un esprit de la terre et de la brousse est utilisé par la société secrète *Wango* lors des enterrements et pour protéger les fruits des arbres. Une opposition frappante existe entre le visage du masque, stylisé au point d'atteindre l'irréalité, et la déesse de la terre qui le surmonte, extrêmement vivante, avec des yeux parlants. Haute-Volta. *Musée Rietberg, Zürich (109 cm)*.

PL. 10 – Masque très rare du *Dô*, l'esprit protecteur des Bobo-Fing. Cet esprit qui se réincarne dans le danseur masqué est l'objet d'un profond respect ; si le mime brise le masque, il subit le châtiment réservé aux assassins et le masque est solennellement inhumé. Haute-Volta. *Musée Rietberg, Zürich* *(39 cm)*.

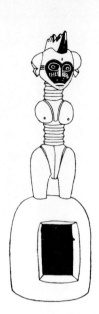

FIG. 25

FIG. 26

FIG. 27

PL. 12
FIG. 25

FIG. 26

petites têtes sur de longs cous. – 2.) Type *dégélé:* utilisé par les membres de la société pour les rites mortuaires nocturnes ; masque casque
sommé de figures fortement stylisées et, dans le spécimen reproduit,
sans bras. En accentuant la «ligne de cœur», l'artiste donne au visage
une expression grave et concentrée. Grâce à l'opposition entre le
traitement lisse et uni des parties sexuelles et la surface annelée des
corps, une tension artistique considérable est atteinte. – 3.) Parmi les
petites statuettes aussi on trouve des pièces admirables aux formes audacieusement simplifiées, pleines de vitalité, dont les lignes anguleuses
sont projetées vers l'avant en un rythme mouvementé : cheveux tressés
avec houppe sur le front ; bouche et menton saillants ; seins pointant en
avant ; ventre bombé à la hauteur du nombril ; longs bras ; mains et pieds
souvent grossis aux dimensions de pattes ; l'équilibre d'ensemble est as-
suré par des épaules effacées et un dos creusé. Des figures – debout, assises, à cheval – ornent le couvercle des coupes qui sont déposées lors des
enterrements sur la place du village pour recueillir les offrandes. Elles
accompagnent les jeunes filles pour les rendre fécondes, participent au

◄ PL. 11 – Le buffle, animal totémique des Bobo, suggère la force par son regard que concentrent des
cercles, par les plans que soulignent les motifs du tatouage et le grandiose élan des cornes. Haute-
Volta. *Musée Rietberg, Zürich (75 cm).*

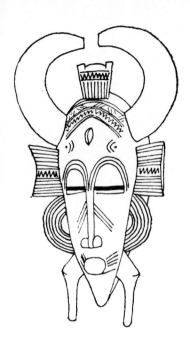

FIG. 28

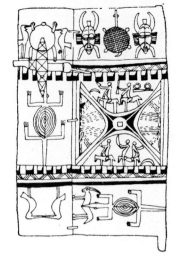

FIG. 29

service de l'oracle et, par paires, au culte des jumeaux ; elles augmentent la valeur du bâton de dignité et ornent des objets usuels tels que sièges et boîtes à beurre. Lors des concours agricoles, on les place même dans un champ que les jeunes paysans doivent labourer pour prouver leur adresse. Le vainqueur est abondamment fêté et réputé avoir les plus grandes chances de faire un beau mariage[1].

Emblème tribal des Sénoufo, l'oiseau joue un rôle cultuel, mais sous un aspect très simplifié et représenté avec les ailes étendues ; comme motif décoratif, il apparaît sur les masques et les bobines de tissage. FIG. 27

C'est dans les puissants masques du culte Gbon, des «cracheurs de feu», que la vitalité de l'artiste sénoufo s'exprime de la façon la plus débridée. PL. 13
Autour d'un centre constitué par le nez et les yeux se disposent des éléments pris à divers animaux : sanglier, hyène, buffle, antilope, crocodile, singe, cigogne, vautour ou caméléon ; parfois les gueules aux dents grinçantes sont représentées deux fois.

A côté de ces heaumes puissants, les petits masques de visage des Sénoufo du sud-ouest donnent l'impression d'être faibles et fades, d'autant plus

[1] Kjersmeier, Centres I.

qu'à une époque très récente, ils se sont dégradés pour devenir de vulgaires souvenirs et l'objet d'un commerce assidu (Fig. 28).

Caractères : Coiffure stylisée avec peignes, tresses et appendices en forme d'osselets ; tatouages ; cornes et autres motifs zoomorphes sur le beau visage de la mère du clan. Ces masques étaient utilisés pour le culte Sakrobundu de la société Lô, lors des enterrements.

Sur la porte de son sanctuaire on trouve réunis quelques symboles (Fig. 29) sénoufos typiques (masque Sakrobundu, scène rituelle avec cavaliers, tortues, crocodiles et oiseaux) qui forment un somptueux relief.

Les fondeurs de bronze se sont emparés par la suite du masque de type décoratif avec ses appendices caractéristiques. Ils coulent aussi de très belles figurines pour les amulettes, et des bagues avec des têtes de taureau : ce bijou est l'insigne du sorcier, qui le tient entre les dents pendant les cérémonies de médecine magique.

PL. 12 – Statue rituelle *déblé* de la société Lo des Sénoufo (cercle de Korhogo). Lors de l'initiation, les novices frappaient le sol avec la statue – qui se terminait à l'origine par un socle – en un rythme lent et menaçant, pour implorer la fécondité. Tout vise à la concentration : la forme monumentale inscrite dans des lignes fermées, avec les seins lourds de déesse mère et la gravité recueillie du visage immobile. Nord de la Côte-d'Ivoire. *Musée Rietberg, Zürich (95 cm).*

III. LITTORAL ATLANTIQUE OCCIDENTAL

L'étape suivante de notre voyage à travers les styles va nous conduire dans les pays bordant la côte atlantique. La Sénégambie, qui est pourtant nettement négritique, a été si fortement islamisée et influencée par la Mauritanie voisine qu'elle n'a pas pu créer de statuaire digne d'être mentionnée. Les résultats des fouilles préislamiques, bijoux d'or et de cuivre des Serer, révèlent eux aussi l'ascendant du nord. Il ne nous reste donc que les masques en heaume tressés des *Djola* en Gambie et des Banyoun de la Kasamanka. Ce sont des créations cocasses aux yeux proéminents, sommées de cornes de bœuf et d'antilope et garnies de graines d'abrus rouges. Elles sont portées par les jeunes gens aux fêtes de la circoncision et lorsqu'ils vont mendier dans les villages environnants. FIG. 30
En fait, nous ne rencontrons de centre d'art plastique important que dans les îles Bissagos, au large de la Guinée portugaise, où des formes naturalistes, arrondies, côtoient les abstractions les plus audacieuses. Selon Bernatzik, ces dernières seraient d'une époque plus reculée. Des temps de misère cruelle et des catastrophes récentes ont compromis le développement de la sculpture. De puissantes têtes de bœuf avec des cornes véritables donnent un aspect menaçant aux pirogues de guerre. Des masques hippopotames et autres sont portés lors des cérémonies cultuelles et des fêtes.
A n'en pas douter, le matriarcat a favorisé chez les Bidyogo l'amour de la parure et l'emploi fréquent de la figure féminine pour stimuler la fécondité. Comme signe de leur nubilité, les jeunes filles portent sur le dos de grandes figures au corps allongé et aux jambes écartées. De plus petites servent de poupées.
Caractères: formes arrondies ; tête équarrie et aplatie au sommet, cheveux coupés à la page ; ceinture de fibres, jambes courtes et trapues. Les motifs sont nombreux : personnages debout, à cheval, portant des coupes, sur des cuillères où ils s'harmonisent élégamment avec les courbures du style. Reproductions d'animaux sur les ustensiles de tout genre (Fig. 31 : plat à nourriture).
Le groupe des *Baga*, auquel on rattache les Nalou, Landouman et autres tribus apparentées, appartient encore par la race et la culture aux Mandingues occidentaux du Soudan. Selon ses traditions, il serait venu de la région des sources du Niger pour s'établir en Guinée ex-française. Dans les tribus les plus récemment arrivées, seules des conversions individuelles

87

FIG. 30   FIG. 31

à l'Islam se sont produites, aussi ces groupes ont-ils préservé un art plastique puissant qui s'apparente à celui des Bambara.

Caractères du type le plus courant: abstraction poussée; têtes puissantes avec nez en bec d'aigle, souvent inclinées en avant et soutenues par des bras levés – sans mains – de sorte que l'équilibre est préservé; corps lourds et bombés en forme de tonneau; jambes courtes et fortes.

PL. 14b.

Des figures des deux sexes forment la base des grands tambours de la société Simo, qui règle et domine la vie sociale et religieuse des Baga. Les grades hiérarchiques à l'intérieur de l'association correspondent à des masques déterminés qui sortent après la récolte, lors du battage du riz, ou lors des funérailles de ses membres. Le buste *nimba*, si souvent reproduit, a un aspect impressionnant: pour s'en faire une idée, que l'on se représente la tête de la Pl. 14 b, agrandie à une échelle gigantesque, avec un torse reposant sur quatre piquets et posé sur les épaules du porteur que dissimule une large jupe de raphia. Des dessins linéaires gravés, arêtes de poisson et autres motifs, encore accentués par des clous de cuivre, contrastent avec les surfaces de peau lisse, ce qui permet de réaliser un harmonieux équilibre. Des arcs brisés sont disposés en diadème autour de la coiffure; les paupières forment un demi-ovale fortement accentué. Les membres de la société secrète dansent autour de ces masques, lourds de soixante-dix kg environ, pour obtenir la fécondité, et les femmes enceintes jouissent de leur particulière protection. La Pl. 14 a reproduit un autre type, plus raffiné de ces nimbas et la Pl. 15 un masque banda bariolé, haut de 2 mètres, insigne d'un grade élevé dans la société Simo.

L'*anok* des Baga et des Nalou témoigne également d'un sens artistique raffiné : c'est une tête plus lourde et réduite à l'essentiel. La courte colonne du cou jaillit d'un socle en forme de cylindre richement ajouré dont les dessins se retrouvent sur la tête. Le bec pointu s'élance loin en avant, préservant ainsi l'équilibre de l'ensemble. L'anok est lui aussi un accessoire nécessaire à la société Simo et honoré par des danses aussi bien lors des récoltes que des fêtes mortuaires ; la tête, qui est creuse, peut être séparée du socle et portée dans les mains pendant les cérémonies. A l'intérieur se trouvent de petites cornes pleines de substances magiques. A côté de ces types qui sont les plus importants, on trouve toute une série d'autres productions plastiques, comme des figures féminines de style naturaliste avec des seins lourds et les jambes écartées ; un bâton orné de seins que l'on plante dans le toit, l'oiseau sacré Foho, etc.

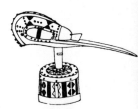

FIG. 32

FIG. 32

Les *nomori* préhistoriques, largement répandus dans la Sierra-Leone et le Libéria oriental, restent énigmatiques : il s'agit de figures en stéatite trouvées dans les champs et les tumuli, associées à des ornements de métal[1]. Il est certain qu'elles datent d'une époque qui a précédé l'arrivée des Mendi habitant actuellement la région. Ceux-ci leur attribuent une origine surnaturelle et par conséquent des pouvoirs magiques. Sous la protection d'un toit de feuilles, ils placent des nomori dans leurs champs de riz où ils leur apportent des offrandes et les invoquent. Si le résultat attendu ne se produit pas, les nomori sont incités à l'action par des coups de bâton. Ces figures, qui se distinguent par une grande diversité et un aspect très vivant, ont des poses variées : à cheval, à genoux, assises les jambes croisées, les mains sur les joues ou sur le bandeau orné qui encadre le visage, armées de l'épée et du bouclier. La tête représente un type noir violemment exagéré et réaliste, avec un crâne déprimé, des yeux de grenouille, un nez épaté et une bouche épaisse. Comme base d'ancienneté approximative, Denise Paulme propose de se référer à l'armement portugais du XVIe siècle. Ces œuvres n'ont rien de commun avec le style mendi moderne. Une vieille statue de bois agenouillée d'origine mendie qui se trouve actuellement au British Museum se rapproche, par son esprit, des nomori et constitue en outre un trait d'union avec les curieux tellem dogon, souvent agenouillés et parés d'une mentonnière.

Les Mendi, agriculteurs et pêcheurs, vivent dans la grande forêt humide

FIG. 33

FIG. 33

MENDI

[1] Rütimeyer

PL. 13 – Le «cracheur de feu», masque des Sénoufo porté horizontalement pour le culte du *Gbon*, agit la nuit, quand tous les non-initiés ont disparu dans les cases, pour chasser les mangeurs d'âmes et les sorcières. Alors apparaît le prêtre avec son fouet; dissimulé par le masque et un vêtement de fibres, au milieu du fracas des cornes qui imitent le mugissement du taureau, il exécute des sauts puissants et des pas de danse acrobatiques. Le feu est craché sous forme de fragments d'amadou enflammés que les danseurs font jaillir par les fentes du masque. Côte-d'Ivoire septentrionale. *Musée Rietberg, Zürich (81 cm).*

a   b

PL. 14 a – Le buste des Baga personnifie la jeune fille. La partie inférieure devrait être recouverte par un vêtement de raphia. Quand cet esprit se déplace à travers la brousse, la tête minuscule aux yeux de cuivre brillant qui se dresse au-dessus de la foule, produit un effet à la fois fascinant et inquiétant. Anc. Guinée française. *Musée Rietberg, Zürich (64 cm)*.

PL. 14 b – La statue *nimba* incarne la fécondité et, en sa qualité de protectrice des villages Baga, est conservée dans une hutte cachée sous de grands arbres à un carrefour. Elle protège tout particulièrement les femmes enceintes. La tête fortement stylisée, au nez busqué, qui représente un pouvoir surnaturel – la fécondité – est très caractéristique. Anc. Guinée française. *Musée Rietberg, Zürich. Coll. v. d. Heydt (61 cm)*.

91

et parlent le mandé-fu. Les parois de leurs cases rondes sont ornées de dessins linéaires gravés en blanc et noir. Leur vie sociale, de même que leur art, est dirigée par des sociétés secrètes toutes-puissantes : Poro pour les hommes, Bandu ou Sandé pour les femmes. La société Yassi, celle des guérisseurs, occupe un rang particulièrement éminent. Elle a à son service de nombreuses productions plastiques appelées *minsereh*, corps ronds et allongés, cous ornés de colliers, grosses têtes, fronts hauts et bombés. Dans les mains de la prêtresse, en état d'hypnose, la figure minsereh, ointe et chargée de force magique, peut transmettre les volontés des puissances surnaturelles par des hochements de tête[1].

FIG. 34

Les grands masques heaumes noirs Bundu, avec leurs épais bourrelets de cou – l'obésité est signe de beauté pour la jeune fille nubile – leur front exagérément haut et leur vêtement de fibres en touffes, ont un caractère si marqué qu'on les reconnaît au premier coup d'œil. Et pourtant que de variantes dans ces visages compacts finement traités et surtout dans les accessoires des coiffures décoratives (oiseaux, cornes, peignes, etc.) !

FIG. 35

Les masques des Vey ressemblent à ceux des Mendi. Taillés dans le bois du kapokier, ils symbolisent l'esprit protecteur de la société féminine qui a reçu la charge de préparer les jeunes filles à leurs devoirs d'épouses et de mères. Aux fêtes qui closent cette période probatoire, l'esprit apparaît lors d'une danse, fait claquer un fouet, ou porte comme signe distinctif une canne de parade sculptée de figures.

KISSI

Les statues-colonnes en stéatite et en schiste du pays kissi, parfois d'un caractère phallique, sont fortement simplifiées. On les a trouvées associées à des haches de pierre polie et les Kissi les appellent *pomdo*. Persuadés qu'il s'agit là de morts ressuscités, les indigènes leur réservent une place d'honneur sur les tombes ou sur un autel où ils leur apportent des offrandes et implorent leur conseil par l'intermédiaire d'un devin. Celuici s'attache une de ces figures sur la tête par l'intermédiaire d'un brancard et elle donne les réponses en s'inclinant sur le côté[2]. Aujourd'hui encore, les Kissi modèlent des statuettes d'argile du même style, mais auxquelles manque la force des anciens prototypes. Ils peignent également les murs de leurs maisons de couleurs vives.

A la lisière entre la savane et la grande forêt, dans le triangle formé par le nord-ouest du Libéria, la Guinée ex-française et la Sierra-Leone, les masques Landa des Toma, résolument cubiques et simplifiés, constituent

FIG. 34

[1] Sydow, Handbuch [2] Paulme, Gens du riz

un avant-poste du style soudanais. Leur contrepartie féminine est le PL. 4a Nyangbai, incarnant un serval, qui est orné de bandes de métal et doté FIG. 36 d'un costume en fourrures.

La toute-puissante société Poro, qui règne sur de vastes régions du Nord-Est libérien et de l'Ouest ivoirien, ainsi qu'aux confins de l'ancienne Guinée française, impose une certaine uniformité dans la réalisation et l'usage des types de masque et son influence s'étend au-delà des frontières politiques. Il ressort clairement d'une étude approfondie des riches collections à notre disposition[1] que les divers styles sont inextricablement enchevêtrés et fondus. La suprématie de la secte Poro aboutit en fait à rendre les masques interchangeables. Un artiste poro ne se soucie pas, quand il taille en même temps des types nombreux et totalement différents, de savoir quel usage, quelle fonction déterminée chacun d'eux doit remplir ; d'où il résulte que pour une fonction donnée, le masque employé n'a pas toujours la même forme. Entre le naturalisme vériste de l'effigie et l'abstraction osée du cubisme, il y a place pour toute une gamme de variantes qui unissent d'ailleurs généralement en elles les deux styles.

FIG. 35

Le centre de cette production se trouve chez les *Dan* et les *Kran*, dans la région des hautes Sassandra et Cavally. Les premiers, avec les sous-tribus Yakouba, Geh, Gio, Wamé, Koulimé, etc., occupent le cercle de Man et la subdivision de Danané. (Les noms de Dan, Man et Mano, ceux-ci habitant à l'ouest des monts Nimba au Libéria, sont souvent employés les uns pour les autres.) Les Mano, Kran, Shien, Kpellé et les Kono de l'ancienne Guinée française, se trouvent tous dans la zone d'influence des Dan. Les villages kono de l'est sont même peuplés par des Yakouba qui utilisent le dan comme langue rituelle.

FIG. 36

Le masque dan sous sa forme la plus pure est inscrit dans un ovale noble et simple. Les yeux ont une expression soit mystérieuse, quand ils sont PL. 16 représentés par des fentes, soit intense, quand ils sont entourés de cercles concentriques. Le masque féminin, symbole de la mère source de béné- FIG. 37 dictions, est traité avec plus de raffinement et de sérénité que le masculin, souvent pourvu d'une moustache et d'une barbe véritables. Une coiffure en fibres tressées est assujettie dans des trous latéraux. A l'intérieur de ce type fondamental, il existe de nombreuses différences de qualité et bien des variantes. Par exemple des masques avec le front, les yeux et la bouche très proéminents (sous-style de Flanpleu et des Koulimé)[2] ; d'autres chez qui la stylisation est poussée jusqu'à l'impressionnisme spiritualisé

[1] Donner   [2] Vandenhoute

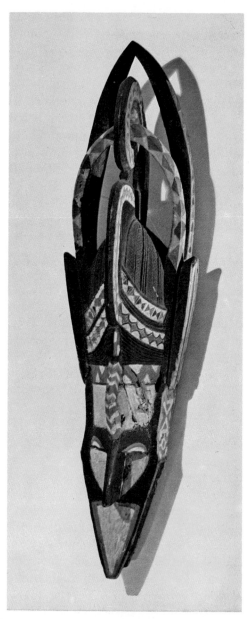

PL. 15 – Masque Banda des Baga, insigne d'un grade élevé dans la société secrète *Simo* et redouté en proportion. On le porte horizontalement sur la tête. A son approche, tous les non-initiés se sauvent, affolés, dans leurs cases. Des traits humains fortement stylisés s'allient à des dents de crocodile, des cornes et des oreilles d'antilope, des spirales et autres motifs décoratifs, pour former une figure fantastique d'un puissant effet. Anc. Guinée française. *Musée Rietberg, Zürich (112 cm).*

ou au cubisme ; des masques surréalistes avec des nez à angle droit ou en bec d'oiseau, des mâchoires articulées, des yeux en tubes, des pommettes anguleuses (indiquant souvent le motif du singe), des cornes et des dents incrustées. FIG. 38

Vandenhoute tient pour créateurs de l'autre grand style dans le bassin de la Cavally les Kran qui vivent au sud-ouest des Dan et qu'il appelle Géré-Wobé. Ils possèdent une manière tourmentée, dynamique, et leurs masques menaçants, aux cornes multiples, aux yeux en tubes saillants, aux os des pommettes accentués, forment un contraste violent avec l'esthétique sereine des Dan ; ils ont suscité beaucoup d'imitateurs. La confrontation et l'amalgame des Dan et des Kran ont donné naissance à des formes nouvelles, à des sous-styles particuliers et riches en nuances : ainsi le masque cubiste des Gio. Ceux des Krou, avec leurs yeux tubulaires, trahissent également l'influence kran. FIG. 39 FIG. 40

Les productions de ces derniers ont des visages humains mais plus grands que nature qui, avec certains caractères de la panthère, du phacochère ou du sanglier, incarnent l'esprit de la forêt. Des recherches approfondies effectuées sur place[1] ont permis de tirer sur la fonction des masques dan et kran des conclusions du plus haut intérêt et qui sont également précieuses au point de vue de la religion et de la sociologie. Elles confirment d'ailleurs les théories de Placide Tempels : l'idée de la réincarnation, des ancêtres en tant qu'émanations partielles de la force qui, procédant du dieu suprême Zlan, passe dans les masques. Plus ceux-ci sont vieux et plus leur force a été intensifiée par les offrandes, plus ils ont de valeur, quelle que soit leur forme. Selon qu'ils servent dans un rang élevé ou humble du Poro, d'après leur puissance, ils sont craints, ou considérés comme des moyens d'amusement. Les forces transmises aux masques par les ancêtres agissent de manière très diverse selon les fonctions de ceux-ci. Si nous en passons quelques-uns en revue, nous parviendrons par ce moyen à connaître les espoirs, les besoins, les désirs des Africains et à comprendre leur personnalité : certains servent de justiciers, font payer les dettes et annoncent l'avenir pendant les guerres. Ils apaisent les querelles, influent sur le cours des guerres et y mettent fin, guident l'éclair et le tonnerre. Ils servent de patrons protecteurs aux pêcheurs (crocodile), aux forgerons, aux jumeaux et aux voyageurs ; ils s'opposent aux malfaiteurs, aux mangeurs d'enfants, aux adultères ; ils veillent sur les foyers, protègent les futures mères, aident les femmes sans enfant, guérissent les maladies comme la rhinopharyngite, le bégaiement, la paralysie faciale

FIG. 37

[1] Harley

FIG. 38

Objets usuels

(par un masque de travers!). Certains sont les portraits de beautés féminines et les effigies de personnalités parties en voyage. Le masque singe joue le rôle de bouffon. Un autre, avec des yeux ronds et des rebords de métal, est préposé à la surveillance des dangereux incendies de brousse et court de village en village pour donner l'alerte. Les jeunes gens bondissent à qui mieux mieux, car la gloire d'être le plus rapide des diables du feu est fort recherchée. Autrefois, des prisonniers étaient offerts aux masques de guerre; aujourd'hui on les gave inlassablement de noix de kola, de sang de poulet et d'huile de palme. Leur importante fonction exige qu'ils soient entourés des plus grands soins.

Le Dan tend à l'harmonie et à l'équilibre des formes, car l'image en tant que siège de la force doit être aussi «belle» que possible. Comme variante du type fondamental, il convient enfin de citer les *ma*, masques miniatures de bois ou de pierre, hauts de 8 à 10 cm, répliques des grandes œuvres danes et parmi lesquels nous découvrons l'expression d'un art exquis. Passant pour particulièrement sacrés, ils sont travaillés avec le plus grand soin et servent d'insigne aux membres initiés de la société. Ils agissent comme protecteurs ancestraux contre les maladies et on les honore par des offrandes de riz et d'huile de palme.

Lorsque l'on se représente la noblesse et l'importance de la fonction que remplit le masque dan, on comprend sans mal que l'artiste accorde peu de temps et d'attention au reste du corps. Quand il taille une figure en pied, il le fait de façon très sommaire. C'est donc un trait qui différencie les Kran que leur emploi occasionnel de la figure en pied pour orner leur mobilier profane. A côté de figures d'ancêtres aux jambes courtes, au visage typiquement dan qui protègent ou réjouissent simplement leur possesseur, nous trouvons beaucoup d'objets usuels ornés de têtes : pilons à riz et à tabac, siège pour les circoncis, tablettes pour jouer au *mankala*, épingles et peignes pour les cheveux, etc. Le manche de la grande cuillère *po* est fait d'une tête humaine. Ces cuillères sont les insignes de la dignité de la mère ou de la femme du chef qui préside aux initiations dans la société féminine. Quand son fils, l'héritier du trône, revient de l'école de brousse, et que l'initiation a eu lieu, elle danse fièrement avec sa cuillère au cours d'une cérémonie publique et puise le riz que le village mange ensuite en la compagnie, non pas visible mais sensible, des âmes d'ancêtres. Chaque clan ne possède qu'une cuillère po qui se transmet de génération en génération.

L'anneau de cheville de la fig. 2 – insigne de la femme du chef – nous donne une idée de la beauté du travail des bronzeurs dan et kran.

D'autres ornements pour le pied ou le bras consistent en plusieurs cercles munis de clochettes et ornés de motifs en spirale. Même quand elles n'ont qu'une valeur artistique minime, les petites figures profanes en bronze des Kran sont plaisantes.

Les peintures à figures exécutées sur l'intérieur et sur l'extérieur des murs témoignent d'une grande spontanéité dans la description : scènes et animaux légendaires, porteurs de masques burlesques, coureurs sur échasses venus du domaine profane.

FIG. 6

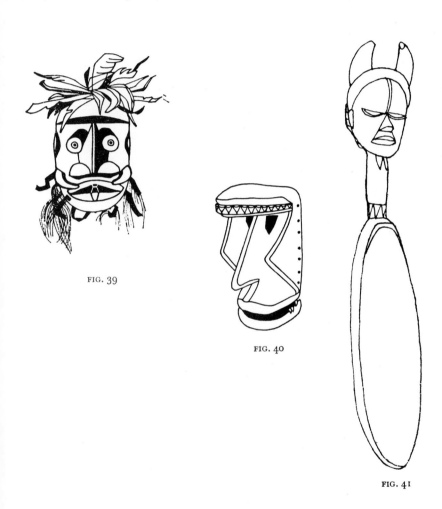

FIG. 39

FIG. 40

FIG. 41

PL. 16–«Mère des masques» dan; son apparence, quand elle est juchée sur des échasses et envelop-pée d'un ample vêtement d'étoffe, est majestueuse au plus haut point. Elle apaise les querelles et protège les nouveau-nés. La beauté du masque réside dans les formes naturelles rendues avec une délicate sensibilité, mais aussi un parti pris de grandiose simplification. Il émane de sa lumineuse symétrie et de sa teinte foncée une impression de calme profond. Côte-d'Ivoire. *Coll. d'ethnologie, Zürich (25 cm).*

IV. LITTORAL ATLANTIQUE ORIENTAL

CÔTE-D'IVOIRE

A peu près exactement à l'endroit où le 5ᵉ degré de latitude nord coupe le 5ᵉ degré de longitude ouest, la Bandama se jette dans l'océan Atlantique et forme la frontière entre l'ouest et l'est du littoral. A l'est de ce fleuve, la grande forêt assure à la savane humide – avec ses possibilités d'existence notablement plus facile – un développement assez considérable, ce qui donne aux civilisations des Guinées un nouveau visage. Là comme au Ghana, au Dahomey et en Nigeria, les éléments d'une haute culture se trouvent en contact avec la culture ouest-africaine.

PAGE 65

La tribu caractéristique de la Côte-d'Ivoire est celle des Anyi (Baoulé) qui parlent le kwa. A la suite de querelles dynastiques dans l'empire ashanti, elle a quitté la Côte-de-l'Or en 1730 pour se fixer, sous l'autorité de la reine Aura Poku, dans la région entre Nzi et Bandama où elle se mêla aux Gouro et Sénoufo déjà sur place pour instaurer un royaume considérable. Dans ses mythes et légendes, nous rencontrons le dieu créateur Alurua et son panthéon, le dieu du ciel Niamyé, la déesse de la terre Assyé, le dieu du vent Gu, en même temps organisateur du monde et les demi-dieux fils de Nyamyé : Kakagyé ou Guli, esprit des morts, et Gbekré, le cynocéphale. Une multitude de divinités subalternes gravite autour d'eux. Le bélier est un démon du ciel ou un esprit des champs. Le dieu du vent, Gu, s'incarne dans un masque d'homme à barbe ; Guli, fils de Nyamyé, a pour attribut la tête d'un taureau. Toutes ces formes ont trouvé leur écho dans l'art, un art raffiné auquel ont participé, dans un mutuel enrichissement, les Baoulé cultivés et les Gouro très doués. Les premiers, qui ont apporté de leur ancienne patrie les techniques du bronze, n'avaient aucune tradition dans le domaine de la sculpture ; or le style extrêmement raffiné et noble de la statuaire baoulé – gouro est parvenu, non sans juste raison, à une célébrité mondiale. Avec lui, c'est une poésie délicate qui pénètre dans l'art africain, un lyrisme qui ne trouvera son égal que dans les tribus de l'Ogooué et des Balouba. Là, aucune image de l'épouvante suscitée par les démons, aucun traumatisme infligé à la sensibilité. La puissance animale domptée est traduite par des motifs décoratifs cubiques ou des symboles. Pour ceux qui hésitent devant les formes violentes et primordiales des autres styles, le raffinement des œuvres baoulé sera la voie d'accès qui les conduira à la compréhension de l'art africain dans son ensemble.

Nous savons que les exigences esthétiques des Baoulé et des Gouro sont

Baoulé

FIG. 42

Statuaire

99

précises et impérieuses. Il faut que la sculpture offre aux dieux et aux ancêtres un support aussi beau, aussi bien modelé que possible. Lorsque ces indigènes font le portrait de hautes personnalités et de jolies femmes, ils s'efforcent d'arriver à une ressemblance vivante. Le respect de la tradition n'empêche pas l'artiste de traiter son effigie d'une manière si personnelle que le modèle en est aisément reconnaissable et pas seulement à cause de ses tatouages. Pour répondre à une demande toujours plus grande, de nombreux villages de sculpteurs ont organisé une sorte d'industrie familiale, mais même parmi leurs productions schématiques, on voit surgir des œuvres qui témoignent d'un sens esthétique raffiné, dont les auteurs ont été hautement honorés par les autochtones et recherchés par les étrangers.

PL. 17

Caractères: attitude sereine, debout ou assise sur un tabouret; mains sur le ventre ou sur la barbe; jambes arrondies légèrement pliées; articulations des doigts et ongles nettement indiqués; corps allongés et ronds avec scarifications décoratives en relief; têtes grossies et traitées avec un soin particulier de même que les coiffures en torsades aux structures puissantes; fronts hauts, yeux en amande ou en demi-cercle avec sourcils très arqués et paupières lourdes ne laissant filtrer que peu de lumière; nez fins et droits, petites bouches, surfaces soigneusement lissées, polies, noircies et huilées.

Gbekré, le juge des âmes dans l'au-delà, est représenté sous l'aspect d'un homme à tête de singe, composition pleine de mouvement, mais dont chaque élément a été pesé judicieusement. Comme les grands pieds plats sont bien en accord avec leur fonction de support!

FIG. 42

Masques Les masques baoulé eux aussi frappent par leur aspect serein, délicat, encore que des différences apparaissent dans les interprétations. Le soin avec lequel sont traités les détails est admirable: cils finement incisés, scarifications ornementales sur le front lisse, coiffures fortement construites, zigzags encadrant le visage, autant d'éléments qui nous donnent une idée de la sensibilité artistique du sculpteur baoulé. Mais celui-ci peut aussi traiter son sujet dans un style puissant et hautement stylisé, ainsi qu'en témoignent les masques animaux polychromes, par exemple l'esprit du bœuf Guli de la pl. 18 et de la fig. 44, avec son vêtement de raphia. Un autre masque Guli est également d'une stylisation très poussée: il s'agit d'un petit visage rond aux pupilles en forme de gouttes dans les orbites ovales.

PL. 19 GAUCHE ET FIG. 43

FIG. 45

Objets usuels Un amour de l'art tel que celui qui habite les Baoulé doit inévitablement rejaillir sur les objets d'usage quotidien, voire même effacer dans une certaine mesure la distinction entre le sacré et le profane.

FIG. 43

FIG. 44

Aujourd'hui, c'est ce dernier qui est passé au premier plan. Les têtes et les figures gracieuses sont harmonieusement combinées avec les bobines du tisserand, les pots à onguent, les boîtes pour la divination par les souris. Portes, tambours, escabeaux, cannes de cérémonie, manches de chasse-mouches et poignées d'épée sont recouverts de reliefs ou de décors ajourés; parmi les premiers, beaucoup présentent des dispositions complexes sciemment orchestrées démentant l'affirmation si souvent répétée que le seul alignement pur et simple est à la portée du Noir. Le motif du poisson et du crocodile est là aussi chargé de sens; il rappelle les sacrifices humains que les Baoulé ont dû offrir aux dieux du fleuve Komoé quand ils l'ont traversé lors de leur émigration vers la Côte-d'Ivoire.

Ils ont apporté de leur ancienne patrie la tradition de petits poids en bronze difficiles à distinguer de ceux des Ashanti, encore qu'un peu moins raffinés dans leur exécution. Les objets destinés aux cérémonies étaient revêtus de minces plaquettes d'or martelées. Les Baoulé et les autres tribus anyi de la Côte-d'Ivoire méridionale fondent également ce métal pour en faire de petits ornements avec figures humaines et animales. De petits masques aux traits humains, que les guerriers fixaient à leur épée, représentent des trophées pour un

FIG. 48
ET PL. 17 GAUCHE

FIG. 46

PAGE 104

PL. 17 – Deux figures d'ancêtres baoulé avec coiffures et tatouages décoratifs : bras collés au corps, construction claire et équilibrée. La personnalité de l'ancien plein de dignité est saisie dans son intégralité. Le pot à onguent aux proportions si harmonieuses doit être l'œuvre d'un artiste défunt particulièrement renommé, car les Baoulé ne s'en sont séparés qu'avec répugnance. Le mouvement ascensionnel des différents étages et la manière dont le volume intermédiaire lisse intensifie l'importance de la tête témoignent d'un grand raffinement. Côte-d'Ivoire. *Musée Rietberg, Zürich. Coll. E. Leuzinger. Figure de dos, 35 cm; figure centrale, 40 cm et pot à onguent 25 cm.*

FIG. 45

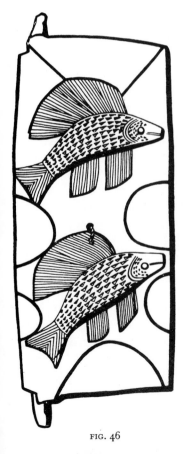

FIG. 46

ennemi tué. Celui du dieu Nyamyé, avec ses cornes de bélier, promet la fécondité ; il y a également des crocodiles, des poissons, des serpents, des pendentifs ornementaux ronds en tant que «porteurs d'âme». Tous ces travaux d'orfèvrerie sont l'expression de forces cosmiques et animistes. Ce ne sont pas de simples parures que l'on porte à son gré ; on les réserve pour les fêtes rituelles de l'or et de la fécondité. Beaucoup de Baoulé portent encore aujourd'hui le costume autochtone de coton teint à l'indigo et dont les dessins sont obtenus par la technique de la ligature.

FIG. 47

PL. 18

Le style gouro est peut-être encore plus raffiné et plus élégant que celui des Baoulé. Les figures en pied sont rares, mais par contre des décors plastiques ornent beaucoup d'objets usuels. C'est ainsi qu'oscille au-dessus du métier à tisser une petite sculpture exquise à tête humaine ou animale qui tient la bobine sur laquelle court la ficelle du peigne : un esprit protecteur du travail, d'une finesse et d'une grâce inouïes.

Gouro

FIG. 48

Caractères : visages petits ; travaillés en profondeur ; ligne du front et du nez ininterrompue ; racine des cheveux en zigzag, yeux généralement fendus en biais. Beaucoup de ces traits se trouvent déjà chez les Yaouré, sous-tribu des Baoulé. Des éléments zoomorphes – cornes, oiseaux – indiquent qu'il s'agit là d'êtres mythologiques.

PL. 19

Ebrié

L'antilope polychrome de la fig. 49 prend part à la danse de la société secrète Zamlé et sert de masque de guerre. Dans le pays lagunaire et fortement boisé des Ebrié, nous rencontrons des figures d'un caractère particulier, rattachées à la plastique baoulé, aux membres rendus par des volumes bombés, les bras souvent levés jusqu'à la tête. Les Ebrié, venus du nord, ont dû apporter avec eux l'art de la sculpture. On attribue aussi souvent ces productions plastiques aux Allandya, qui voisinent avec les Ebrié dans la lagune.

FIG. 50

Krinjabo

On a découvert sur les tombes abandonnées de l'ancien royaume Krinjabo, dans le cercle d'Assinié (sud-ouest de la Côte-d'Ivoire), des figures en terre cuite : datant en partie du XVIIᵉ siècle, elles ont des têtes exagérément grossies, des yeux à peine fendus, des cous ornés d'anneaux et des corps aux formes rudimentaires. On pense qu'il s'agit de portraits des souverains, modelés après leur mort par les femmes. Habillés et parés, protégés par un toit de paille, on les pose sur une plate-forme, elle-même placée sur la tombe.

GHANA

Les deux noms, Côte-de-l'Or et Ghana, rappellent un passé orgueilleux. Le premier a été donné au pays par les Portugais qui y avaient été accueillis par les Ashanti aux superbes bijoux d'or. Le second, qui désigne l'ancien empire du Soudan occidental, résume toute la grandeur africaine atteinte par ses propres forces[1].

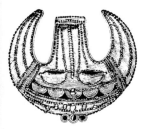

FIG. 47

Les souverains *ashanti*, sacro-saints, étaient parvenus, au XVIIᵉ siècle, à une puissance considérable, grâce à leur organisation militaire rigide, et déployaient à leur cour un faste incomparable. Le trafic de l'or et des esclaves avec les Européens leur rapportait de grandes richesses. Le métal précieux était le monopole de la cour ; il symbolisait le soleil, centre dynamique de l'univers, et le roi se considérait comme le représentant de celui-ci. Les orfèvres formaient à la cour une caste des plus honorées et jouissaient de nombreux privilèges. Mais aujourd'hui, les anciens trésors ont été dispersés à tous les vents – perdus, vendus, fondus – si bien que seul nous reste le superbe masque ayant appartenu au roi Kofi Kalkalli.

PL. 20

Poids

Très répandus et très réputés, de ravissants petits poids en bronze servaient à peser la poudre d'or. Leur fabrication était une spécialité des peuples Akan et Anyi, mais surtout des Ashanti et aussi des Baoulé, ce qui indique que cette branche de l'art était déjà florissante avant la migration de ces derniers, c'est-à-dire au XVIIᵉ siècle. Au début, ces poids avaient un caractère symbolique (des animaux, par exemple, con-

[1] Westermann, Geschichte

sidérés comme représentants des dieux) et réservés au souverain ainsi qu'à sa mère. Par la suite, ils devaient également servir au public ; on avait alors l'habitude de faire les poids royaux de même valeur plus lourds de moitié, réalisant ainsi une sorte d'impôt naturel. En justice, on les employait pour mesurer les amendes.

Fondus à cire perdue, les poids de bronze témoignent d'une variété inhabituelle dans les motifs : êtres vivants et choses sont représentés dans un style à la fois naturaliste et humoristique ; des figures humaines aux poses animées, minces et incurvées, des scènes et des coutumes de la vie courante. Comme si ce n'était pas encore suffisant, les figures aux attitudes bizarres incarnent aussi des proverbes. La fig. 52 montre un cavalier armé d'une lance ; la fig. 53 un scorpion, symbole de la mort, et le motif, très largement répandu, des deux crocodiles en croix signifie que la famille n'a qu'un corps, bien que pourvue de plusieurs bouches, et doit être considérée comme une entité unique que l'égoïsme individuel met en danger.

FIG. 54

Des motifs ashanti à figures ornent également d'autres objets de métal : mobilier de cérémonie, épées de parade, petites boîtes pour la poudre d'or, mais surtout le couvercle du *kuduo* ou «coupe des âmes».

PL. 21

Le sens artistique élevé de ce peuple ne s'est qu'assez peu manifesté dans le domaine de la sculpture sur bois. Seules les petites *akua'ba*, les poupées de fécondité, sont dignes de mention ; les femmes les portent sur elles,

FIG. 55

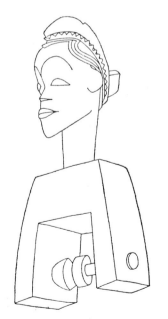

FIG. 48

FIG. 49

PL. 18 – Le *guli* des Baoulé, tout en étant un buffle, est stylisé au point de se transformer en un être irréel. C'est *Kakagyé*, l'esprit des morts, qui, sous la forme d'un masque puissant porté horizontalement sur le sommet de la tête (Fig. 44), dévore la nuit sorcières et démons au milieu de rugissements de trompes effrayants et protège des balles. Les femmes mourraient si elles le voyaient. Côte-d'Ivoire. *Coll. E.Leuzinger (73 cm).* Le tissu de coton teint à l'indigo se rencontre encore souvent dans les villages baoulés isolés (p. 39). *Coll. d'ethnologie, Zürich (113 × 160 cm).*

PL. 19 – Masques gouro et baoulé pour les rites magiques et les enterrements de la société secrète. Les traits du visage nègre, pourtant si vrais, sont idéalisés au point de paraître fort éloignés de l'humain. L'élégance s'y allie à l'harmonie. Dans les deux masques gouro – en haut et à droite – la racine des cheveux décrit un zigzag et le front haut forme avec l'arête du nez fin, légèrement retroussé, une belle courbe fluide. Le masque de gauche, un peu plus plat et entouré d'un décor en dents de scie,

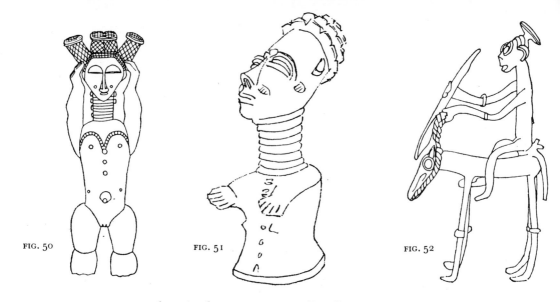

FIG. 50   FIG. 51   FIG. 52

enveloppées dans un morceau d'étoffe, pour avoir de beaux enfants. Elles choisissent une figurine à tête ronde et fortement stylisée quand elles souhaitent un fils, une autre à tête anguleuse pour avoir une fille. Les Ashanti croient non pas aux ancêtres, mais à la force divine du «siège d'or» qui, selon une légende, tomba du ciel vers 1700, lors d'un orage, sur les genoux du roi Osaï Tutu, fondateur de l'empire. Il ne symbolise pas seulement le miracle, mais l'âme du peuple qui se concrétise dans l'Etat. La forme du siège sacré a été sans cesse reproduite au cours des âges, modifiée et enrichie d'incrustations d'or et d'argent, de porteurs

FIG. 56   et de colonnes ajourées qui la soutiennent. En tant que porteurs de l'âme du roi-dieu et de sa mère, ils servent d'autels sur lesquels on dépose des offrandes aux ancêtres.

PAGE 39   Il faut signaler également les somptueux tissus de soie et de coton dont les dessins ont toujours un rapport avec la personnalité de celui qui les porte. Les vêtements de deuil *adinkra*, avec impressions représentant des calebasses, ont un sens symbolique. De même que les Anyi, les femmes ashanti posent aussi des statuettes en terre cuite sur les tombes, des représentations impressionnantes des morts, presque grandeur nature. Elles conservaient les cheveux des défunts dans des urnes céphalomor-

◀ est caractéristique des Yaouré, sous-tribu des Baoulé où l'on retrouve beaucoup d'influences gouro. Les états d'âme, selon la coutume baoulé, ne s'expriment que par la bouche : gaieté quand elle montre les dents, tristesse quand elle s'avance en museau boudeur. Côte-d'Ivoire. *Tous ces objets au musée Rietberg, Zürich, les deux derniers nommés coll. v. d. Heydt. (En haut: 35 cm; à gauche Yaouré: 31,5 cm; à droite: 35,5 cm).*

phes spéciales, agrémentaient vaisselle religieuse et pipes de beaux reliefs et de figures. Les Abron, fixés au nord des Ashanti, ont su se créer un style personnel pour leurs masques de bronze et leurs terres cuites.

Les rares travaux sur bois et modelages en glaise des Éwé sont tout à fait primaires, mais expressifs : fétiches au service du culte Legba, couvercles de plat à figure, semblable à la fig. 3, statuettes de bois *aklama*, etc.

Le bronzeur Ali Amonikoyi est parvenu à une certaine célébrité à Kété-Krachi ; ce Yorouba appartenait à une famille venant d'Ilorin qui conservait les secrets de cette technique comme un patrimoine précieux. Ses masques, sceptres, animaux et groupes, dans un style naturaliste assez mou, donnent l'impression de n'être qu'un faible reflet des anciennes traditions.

Les métiers d'art du Togo septentrional atteignent leur apogée dans la fabrication de bijoux d'argent ajourés particulièrement beaux. L'insigne du sultanat que reproduit la fig. 57 représente un alligator tenant un poisson dans sa gueule.

FIG. 53

Au XVIIe siècle, les Fon – tribu éwé – avaient instauré au Dahomey une royauté absolue qui tirait sa richesse et sa puissance en tout premier lieu de la traite des esclaves – l'appellation «Côte des Esclaves» n'a pas été donnée par hasard. Le roi concentrait et monopolisait dans sa cour certaines branches de l'art, surtout le travail de l'argent et du bronze, ainsi que la fabrication de panneaux d'étoffe appliqués pour orner les murs. Il ne restait à la libre disposition du peuple que la sculpture sur bois et sur calebasse. A Abomey, la capitale, le palais royal conserve encore des reliefs muraux intéressants : les plus beaux datent du début du XVIIIe siècle, qui vit s'ouvrir une période de grande prospérité, et ont été créés pour le palais du prince Agadja. Ce sont des panneaux de terre cuite aux reliefs assez mous : ils représentent des scènes historiques ou allégoriques, réminiscences glorieuses des combats victorieux des Fon contre les Yorouba. Les grandes statues royales, avec le haut du corps anthropomorphe ou zoomorphe (lions et requins), donnent une impression de puissance terrifiante. Les statues d'animaux réalistes, ornées d'applications d'argent ou de laiton et les deux effigies du dieu de la guerre, Gu, l'une en cuivre repoussé, l'autre en fer, sont des pièces exceptionnelles, souvent reproduites, mais qui n'appartiennent pas au grand art. De la cour et de son entourage proviennent des ornements d'argent, des épées d'apparat et des cannes de commandement en bois ou en métal ajouré avec des blasons en forme de rébus. Le lion de la canne du roi Glélé joue sur un mot qu'il avait prononcé avant une bataille : «Je suis le jeune lion qui sème la terreur.»

FIG. 58

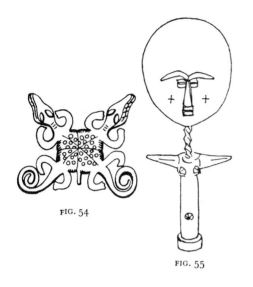

FIG. 54

FIG. 55

Quand le travail du bronze put se libérer du monopole de la cour, vers 1900, on vit surgir à Abomey des figurines et des groupes de laiton profanes, à cire perdue, qui représentaient des scènes de genre, des animaux et sont devenus depuis des articles d'exportation très recherchés (Fig. 59).

Caractères: formes cylindriques étirées en longueur; naturalisme schématisé, légèrement maniéré; vitalité, humour, entrain; ornements au poinçon pour rendre les dessins des tissus ou les fourrures d'animaux. La sculpture sur bois des Nago (tribu yorouba) a un tout autre caractère: dans un style fruste, négligé, elle comprend les effigies de dieux, les masques gélédé, les

PL. 22 objets du culte, les coupes à figures, les Ibéji et le mobilier profane que nous avons déjà rencontrés chez les Yorouba. Les figures se pressent sur les trônes de chef bariolés à deux étages, les couvercles de plat et les masques.

Le style fon est un peu plus rond, plus simple, rappelant davantage l'art primaire. La fig. 60, qui se trouvait autrefois dans un sanctuaire du dieu Legba, représente l'épouse de celui-ci.

CIVILISATIONS ANCIENNES DE LA NIGERIA

La Nigeria fait le bonheur des éthnologues et des historiens d'art à un double titre. D'abord, la richesse de forme et la vitalité de son art se sont préservées jusqu'à nos jours; ensuite, les fouilles que l'on y a pratiquées – et tout particulièrement les recherches systématiques de l'archéologue Bernard Fagg – ont donné des résultats qui nous permettent de remonter

Nok

très loin dans le passé de l'art nègre. D'après la stratigraphie, la culture Nok[1] – du Ve au Ier siècle av. J.-C. – est la plus ancienne qui ait possédé un art plastique chez les Noirs africains. Elle doit son nom à un village des Jaba, en Nigeria du Nord, où elle s'étend sur de vastes régions, ainsi que dans la vallée de la Bénoué moyenne; c'est là que l'on a fait les premières découvertes dans une mine d'étain, à huit mètres de profondeur. Elles comprennent de nombreux fragments de statues en terre cuite, des instruments en fer et des objets manufacturés en pierre polie. Les visages humains ont des lèvres très proéminentes et des yeux grands ouverts aux pupilles marquées, traités dans un style ample et abstrait. Ce sont les

[1] Fagg: L'art nègre (Prés. afr. 1951)

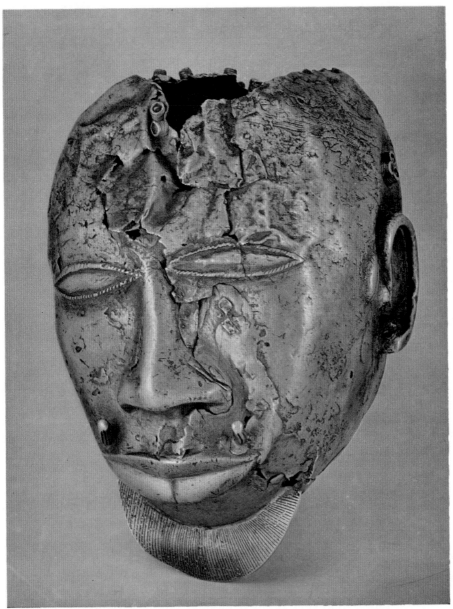

PL. 20 – Superbe masque fondu en or pur, pesant 1,5 kg (deux tiers de la grandeur naturelle) ayant appartenu au trésor du roi des Ashanti, Kofi Kalkalli : visage de chef volontaire et expressif. La fidélité à la nature est toujours recherchée lorsqu'il s'agit de représenter des personnages terrestres. L'anneau sous la barbe signifie que nous pourrions avoir là le trophée d'un ennemi vaincu que le vainqueur fixait à son trône. Ghana. *Coll. Wallace, Londres (17,5 cm).*

FIG. 61 témoins vivants des capacités de stylisation que le Noir possédait bien avant Ifé et qui le distinguent encore aujourd'hui. Il ressort des fragments exhumés à Nok qu'une partie des statues étaient grandeur nature et asymétriques ; certaines sont même construites en spirale ! Elles portent de riches ornements et l'on a également retrouvé de belles figures animales et des motifs végétaux.

Ifé   A la suite des fondations d'empires et des brassages de populations provoqués par les envahisseurs venus du nord et de l'est, il s'était développé autour d'Ifé, ville sainte des Yorouba dans le Sud-Ouest nigérien, une civilisation nettement aristocratique qui engendra un épanouissement admirable de l'art, avec des chefs-d'œuvre qui ouvrirent des perspectives tout à fait nouvelles. En plein continent noir, vers le XIIIe siècle, des mains inconnues façonnèrent des têtes, des masques, des groupes de figures en bronze et en terre qui rayonnent d'une telle chaleur de vie, qui témoignent d'un tel sens de l'organique, qui sont d'une telle beauté technique et formelle (c'est-à-dire classique, sans la stylisation habituelle à l'Afrique) que les spécialistes ont longtemps attribué leur création à des influences venues des bassins de la Méditerranée ou du Nil, car même dans la Nigeria aucune production comparable ne les préfigure. Il se peut en effet que le procédé de la fonte du bronze ait été importé en Nigeria. Mais l'art avec lequel la matière a été travaillée ne trouve nulle part son égal. Cependant, pourquoi ne pourrait-on croire qu'il a une origine purement nègre ? Le Noir n'a-t-il pas prouvé mille fois qu'il observe admirablement la nature, qu'il est maître absolu de la manière naturaliste, mais aussi qu'il sait styliser, «élaguer», comme peu d'autres ? William Fagg a souligné de manière convaincante la délicatesse de sensibilité éminente, typiquement ifénne, qui s'exprime aujourd'hui encore dans certaines statues en bois des Yorouba.

C'est en 1910–1912 que Léo Frobenius a découvert les premiers fragments et têtes d'Ifé et depuis les années 30, de nouvelles pièces ne cessent de surgir. La plupart sont la possession de l'Oni, le chef d'Ifé, et exposées dans un beau musée indigène. La tête de bronze de la Pl. 23 se trouve au British Museum. La figurine rituelle de la Pl. 24, tout à fait exceptionnelle, a été découverte récemment et reste à la garde de la Nigeria. Le type humain représenté n'est pas toujours le même ; ce sont des traits tantôt éthiopiens, tantôt sémitiques, tantôt négroïdes qui sont accentués. L'abondance des fragments de terre cuite et la diversité des formes amènent à conclure que, pour une période déterminée, plusieurs artistes étaient à l'œuvre. Les bronzes sont un mélange de cuivre et de zinc ; leur fonte à cire perdue témoigne d'une très grande maîtrise technique.

FIG. 56

FIG. 57

FIG. 58

Parallèlement au travail du bronze, celui de la terre cuite atteint un degré de perfection étonnant. Les Yorouba taillaient aussi la pierre – chose bien rare en Afrique – et un spécimen impressionnant de leur art lapidaire est constitué par la tête de bélier en granit qui se trouve au musée d'Ifé, de même que par les sièges monolithiques en quartz avec anse sur le côté qui peuvent atteindre une hauteur de 80 cm. Nous découvrons leur forme, coulée en bronze, dans la pl. 24 ; ils témoignent d'influences méditerranéennes.

Les statues et colonnes de pierre plus grossières et puissantes d'Idéna-Oré, près d'Ifé, semblent appartenir à un autre style. Ce sont des divinités, souvent aussi des animaux ; la plus grande, haute de 90 cm, est représentée à genoux et trahit une parenté éloignée avec les figures d'Ésie.

Bénin

Le puissant royaume du Bénin, qui s'étendit autrefois dans les régions boisées de la Nigeria méridionale, à 170 km à l'est d'Ifé, a déjà été décrit avec tant de détails que nous nous bornerons ici à rappeler quelques dates essentielles. Pendant longtemps, les bronzes du Bénin ont constitué les seuls documents historiques remontant à plusieurs siècles dans le passé ouest-africain ; aussi les techniques elles-mêmes de la fonte du bronze et la force monumentale des figures représentées posaient-elles autant d'énigmes apparemment insolubles qui excitaient la curiosité et une admiration sans bornes. Aujourd'hui, l'art d'Ifé les rejette au second plan. Jaugées à cette aune, les productions du Bénin trahissent un certain affaiblissement de la chaleur intime au profit de l'effet extérieur. La tradition rapporte expressément[1] que la connaissance des techniques du bronze a été introduite au Bénin sous le roi (oba) Oguola, vers 1280, et l'artiste Ighé-Igha, délégué à cette époque par Ifé, est aujourd'hui encore vénéré par les forgerons du Bénin. Entre 1280 et l'arrivée des premiers Européens – c'est en 1472 que le Portugais Sequeira découvrit le royaume – la puissance de l'État et le développement de l'art s'acheminèrent de concert vers leur apogée. Cet explorateur décrit avec stupéfaction les somptuosités de la cour qui gravitait autour du roi divinisé. La chronique d'Olfert Dapperts surtout (1668) nous permet de nous faire une idée de la grande ville fortifiée, entourée d'une muraille haute de trois mètres et sillonnée par 30 larges rues que bordaient des demeures bien construites. Dans ces maisons basses et spacieuses aux longues galeries et aux cours intérieures, les murs de pisé étaient polis comme du marbre et les poteaux de bois en enfilade recouverts de plaques de bronze. Souvent de petites tours leur étaient adjointes sur lesquelles on plaçait des oi-

FIG. 59

FIG. 60

[1] Egharevba

PL.21 – *Kuduo*, «coupe des âmes» ashanti, en bronze à cire perdue, avec combat d'animaux sur le couvercle (un léopard déchire une antilope). Rosaces et entrelacs jouent sur les surfaces du vase. Ces *kuduo* étaient employés autrefois pour les cérémonies de purification et comme dispensateurs de force pendant la vie, puis placés dans la tombe du défunt, remplis de poudre d'or et d'autres trésors. Aujourd'hui, ils servent à des usages profanes. Ghana. *Coll. d'ethnologie, Zürich (31,5 cm)*.

seaux de bronze, ressemblant à l'ibis de la fig. 63. Le roi possédait le monopole absolu du commerce avec les Européens.

Et puis le Bénin tomba dans l'oubli. En 1704, Nyendal trouva la ville en ruine ; mais elle devait néanmoins être rebâtie par la suite. C'est seulement en 1897 que le pays fut redécouvert par les Britanniques et au cours d'une expédition punitive, plus de 2.000 bronzes prirent le chemin de l'Europe. Le procédé est celui de la cire perdue : le modèle de cire est PAGE 36 façonné autour d'un noyau de glaise, puis recouvert d'une mince chape de plâtre et de brique pulvérisée. L'alliage des plaques est composé de cuivre (84%), d'étain (2,5%) et de plomb (8%) ; celui des statues, de cuivre (78%), de plomb (5%) et de zinc (14%)[1]. La pièce une fois fondue est ensuite retravaillée et ciselée avec un soin minutieux.

Les formes essentielles sont les suivantes : en bronze : statues, effigies commémoratives, groupes, plaques à reliefs, cloches et heurtoirs, petits masques et plaquettes fort expressifs portés à la ceinture comme insignes de dignité divers, coffres en forme de palais, d'animaux, objets du culte, FIG. 63 ET 64 bijoux, etc. En ivoire : masques humains délicatement ornés, animaux, PL. 27 coupes, cuillères, gongs, cornes d'appel, bijoux et de grandes défenses d'éléphant recouvertes de reliefs en bandeaux. Cette énumération suffit à indiquer leur richesse mais non pas à l'épuiser.

Ces représentations servaient avant tout à glorifier le roi, la reine mère, PL. 26 les princes et la cour, les chefs d'armée et leurs satellites (chasseurs, musiciens), ou à commémorer des événements importants. Les rois se faisaient portraiturer en grand costume d'apparat et parfois – identification avec *Olokun*, dieu de la mer – avec des jambes en forme de poisson.

La plupart des bronzes ont une composition sereine et symétrique, les dimensions respectives étant fonction du rang. Mais nous trouvons aussi PL. 29 des plaques avec des groupes de figures asymétriques où jusqu'à neuf personnages vus de face ou de profil s'enchevêtrent dans un tumulte violent. Puis viennent des animaux de toute sorte : léopards, crocodiles, serpents, oiseaux, poissons, frises d'entrelacs et de tresses. Un motif de rosettes garnit le fond des plaques. L'habillement et l'équipement des Portugais représentés nous aident à dater ces bronzes, ce à quoi vient s'ajouter la chronologie fortement étayée de William Fagg[2] (un des plus profonds connaisseurs de l'art africain). A son avis, celle de Luschau et Struck est insuffisante. Ses recherches établissent que le style ancien, avec ses productions admirablement différenciées et fidèles à la nature s'est prolongé depuis le XIVe jusque bien avant dans le XVIe siècle. L'apogée du Bénin

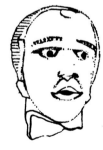

FIG. 61

---

[1] Baumann, Völkerkunde   [2] Elisofon-Fagg

s'est situé sous les obas Owuaré et Esigié au XVe et au début du XVIe siècle. La superbe tête de la reine mère avec son gorgerin serré, dans un bronze épais de 3 mm seulement et le masque en ivoire d'un art si raffiné et si noble appartiennent à cette époque. La période moyenne qui a duré de la fin du XVIe au milieu du XVIIIe siècle a vu éclore un art monumental, fortement schématisé, dans le cadre duquel ont été créées des plaques à relief riches en figures. (A cette époque, l'épaisseur du métal est beaucoup plus considérable.) Même pendant la période de décadence, au XIXe siècle (pièces hybrides, souvent traitées avec négligence ou disproportionnées), nous rencontrons des réalisations dignes de remarque. C'est de cette époque tardive que datent les grandes et lourdes têtes de bronze avec ailes de perles exécutées sous le règne de l'oba Osemwénédé (1816–1848), de même que les dents d'éléphant sculptées en relief qui y étaient parfois incrustées.

A côté de l'art de cour, un art populaire solide et rude s'est développé au Bénin. Les personnages riches et influents commandaient pour leurs autels de petites têtes en bois incrustées de dents d'éléphant sculptées et d'autres ornements.

Bien des pièces isolées parvenues en Europe avec les collections du Bénin, pourraient cependant avoir pour origine les ateliers des peuples voisins, à Oudo, Owo et autres centres.

Il existe, enfin, en Nigeria un autre groupe important de bronzes, mais qui ne peut être rattaché ni à Ifé ni au Bénin. Il s'agit des trouvailles faites dans des fouilles chez les Ijo et les Andoni du delta du Niger, les

PL. 26

PL. 27

FIG. 65

FIG. 63

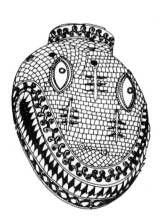

FIG. 64

FIG. 62

116

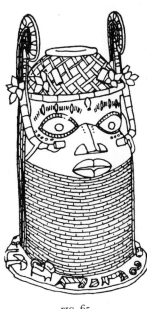

FIG. 65

Igala d'Idah, sur ce même fleuve, les Igbira et Gwari au nord du confluent avec la Bénoué, enfin les statues et figurines animales des villages noupé de Jebba-Goungoun et Tada sur le cours moyen du Niger. Dans la statuaire noupé, c'est un homme assis, nu, presque grandeur nature et interprété avec une rare puissance qui domine l'ensemble. Il a été bien souvent reproduit et, selon William Fagg, daterait du XVe siècle.

A Ésie, dans la province d'Ilorin, à une centaine de kilomètres au nord d'Ifé, on a découvert en 1934 environ 800 figures de pierre hautes de quelque 50 cm. *Caractères*: debout sur des jambes courtes ou assises sur des tabourets en forme de champignon; femmes agenouillées devant des jarres d'eau; couvre-chefs ou coiffures rappelant la plume; types négroïde et oriental; tatouages semblables à ceux des têtes d'Ifé, mais notablement plus grossiers, plus raides, encore qu'imprégnés d'une vitalité africaine authentique.

Ésie

FIG. 62

Ces figures de pierre ont pu être taillées vers 1700 dans le royaume préislamique de Noupé. Les habitants d'Ésie les conservaient dans un petit sanctuaire et leur offraient chaque année des sacrifices lors d'une grande fête; en effet les esprits de la pierre dispensent la fécondité et donnent de précieux conseils aux prêtres pendant leur sommeil.

Après cette incursion dans le passé de la Nigeria, qui réserve encore bien des surprises et des énigmes, tournons-nous vers l'art de son présent. Les régions où la plastique présente un caractère original se trouvent dans le sud, sur les deux rives du Niger, là où l'Islam n'a pas réussi à extirper le culte fortement enraciné des ancêtres et de la mère, où les styles divers subsistent les uns après les autres dans une débordante richesse d'inspiration. Les sculptures audacieusement stylisées des tribus montagnardes établies sur les deux rives de la Bénoué et le plateau du Bauchi n'ont guère été étudiées, encore.

LA NIGERIA DEPUIS UN SIÈCLE

Habitat: dans les régions montagneuses, la case ronde à toit conique des paléonigritiques; dans les villes du Nord, le style mosquée berbéro-mauresque du Soudan récent et la maison cubique en pisé. Dans le Sud, chez les Yorouba et les Ékoï, le plan à impluvium avec toit à faîte, cours et

PL. 22 – Poteaux d'auvent dans la demeure du roi de Savé, littoral sud du Dahomey. Les bandeaux à entrelacs encadrent des dieux : *Odudua* (la femme) et *Obatala* (le cavalier), interprétés dans le style yorouba méridional. Dahomey. *Musée de l'homme, Paris (135 et 138 cm).*

PL. 23 – Tête-portrait en bronze d'un roi *(oni)* d'Ifé datant de la grande période du XIIIe siècle. Le rendu des formes du visage au modelé ressenti de manière organique, des scarifications du tatouage et de la couronne avec ses riches ornements de perles est particulièrement soigné. Des pendentifs de perles rituels étaient sans doute glissés dans les petits trous. Nigeria. *British Museum, Londres (35 cm).*

pièces nombreuses, le tout entouré de murs en pisé ou de haies de cactus en manière de protection. Les parois des cases à faîte des tribus du Sud sont ornées de nombreuses peintures bariolées, géométriques, ou de reliefs.

Yorouba Les Yorouba sont, avec leurs 5 millions d'âmes, l'une des plus grandes tribus d'Afrique. Ils occupent, ainsi que leurs sous-tribus, les régions sud-ouest de la Nigeria et pénètrent profondément dans le Dahomey, le Togo et le Ghana. Agriculteurs à l'origine, ils ne s'en sont pas moins fixés, pour la plus grande part, dans les villes.

Ce peuple extrêmement doué – tout prêt à recevoir l'influence des civilisations évoluées du Nord et de l'Est, héritier d'un grand passé (Ifé), inspiré par une riche mythologie – est parvenu à un art somptueux, éclatant de vitalité et qui produit aujourd'hui encore. On peut le qualifier d'authentiquement africain car, au contraire de celui d'Ifé, classique et essentiellement aristocratique, il incline au symbolisme, au surréalisme, exprimés par la stylisation de la nature et soulevés par un dynamisme puissant. Il annexe des couleurs variées et des ornements de perles somptueux, unit hommes et animaux dans des compositions groupées et fait constamment surgir de nouvelles idées.

Caractères: lèvres pleines tranchées verticalement aux commissures; grands yeux ovales avec pupilles; cils et sourcils finement ciselés; dents visibles; seins lourds et tombants.

FIG. 66

PL. 22

Le panthéon des Yorouba, avec ses quelque six cents *Orisha* est dominé par le tout-puissant Olorun, le justicier, trop sublime pour être incarné: ses symboles et ses satellites doivent suffire. Obatala, le cavalier à la lance, est le créateur de la terre que la couleur blanche désigne comme dieu de la pureté. Odudua, roi légendaire et fondateur d'Ifé, s'est confondu avec la déesse mère et on le représente souvent sous l'aspect d'une mère avec ses enfants. Shango, l'un des premiers grands chefs (alafin) d'Oyo, petit-fils d'Odudua, était un despote sanguinaire qui survit comme dieu du tonnerre dans la mémoire des hommes. Il est représenté soit en cavalier armé, soit par le symbole du bélier et de l'éclair. D'autres figures populaires de la mythologie sont: Eshu (Élegba, Érinlé), démon astucieux et perfide, donc d'autant plus invoqué, avec un bonnet à pointe et une flûte; Ogun, dieu du fer; Olokun, dieu de la mer; Ifa, dieu de la divination, et Oko, dieu de l'agriculture. Osanhim, dieu de la médecine, est symbolisé par un oiseau sur un bâton; Shankpanna, par contre, donne naissance aux maladies et aux feuilles, et, enfin, Ibeji est le dieu des jumeaux. Chaque orisha, chaque fils de dieu, a un rôle déterminé et un signe distinctif propre.

PL. 30

Les délicates statuettes ibéji sont très répandues chez les Yoruba. Elles sont sculptées par paires en cas de mort d'un jumeau, car l'âme de ceux-ci – d'après les indigènes – est indivisible, et la partie revenant au défunt a besoin d'un support matériel pour pouvoir prendre part à toutes choses comme son frère vivant. Aussi la mère – et plus tard le jumeau survivant– porte-t-elle toujours la minuscule figure sur elle. Elle est baignée, enduite d'huile, habillée et nourrie en même temps que l'enfant vivant. On la conserve précieusement dans une calebasse. A la fête annuelle des jumeaux, les figurines sont consacrées par le prêtre.La chaîne de cauris de la fig. 66 signifie que l'enfant est voué à Shango.

Ibéji

Les masques qui, en tant qu'incarnations des morts, des héros de légende et des magiciens, sont l'objet de la plus grande vénération, se divisent en deux catégories principales :

Masques

1) Les masques gélédé en hémisphère portés sur la tête ou de biais sur le front ; répandus du Sud-Ouest nigérien au Dahomey, ils ont le front très fuyant, une coiffure recherchée et des yeux ouverts avec une pupille ronde ; soit très expressifs, soit aussi grossiers, peints de couleurs criardes et sommés de figures en pied. Ils dansent parfois par paires. Souvent il en sort près de cinquante, avec des formes et des noms différents.

2) Les masques monumentaux épa du pays yorouba septentrional, qui s'enfoncent sur la tête comme des heaumes, ont pour base un visage en forme de tonneau, fortement stylisé, presque abstrait. Ils représentent souvent une tête de Janus à la bouche large, aux yeux exorbités ; au-dessus du front s'élève une composition puissante, aux teintes crues, traitée dans un style inclinant plutôt au naturalisme. C'est dans ce domaine que s'est distingué particulièrement Bamgboye d'Odo-Owa, le célèbre sculpteur nigérien. Le fait qu'un de ces masques pèse environ 50 kg et mesure 1,50 m n'empêche pas le porteur d'exécuter des bonds énormes et des pas de danse acrobatiques.

FIG. 68

PAGE 27

Un matériel spécial appartient à l'oracle ifa : un plateau avec rebord en relief, portant le visage d'Eshu, encadré par une frise d'entrelacs et des symboles, qui accompagne le prêtre d'Ifa dans sa tombe ; une cloche d'ivoire avec une femme agenouillée, *iroké*, pour appeler le dieu ; de petites figurines en os et une coupe pour conserver les noix de palme. Pendant la cérémonie, longue et compliquée, le prêtre secoue les noix et les répand sur le plateau saupoudré de farine. D'après la manière dont elles tombent et les dessins dans la farine, il essaie de discerner le message des dieux. Ce sont surtout les coupes qui donnent lieu à des compositions audacieuses et originales : motifs de genre, tels que des groupes mère –

Oracle ifa

FIG. 69

PL. 24 – Figure rituelle en bronze, découverte récemment à Ifé, ville sainte des Yorouba, et datant du XIIIe siècle. La reine est incorporée au vase rituel, reproduisant la forme du siège sacré en quartz muni d'une anse, et au petit tabouret avec une subtilité raffinée qui assure l'unité de l'ensemble. Nigeria. *Appart. à l'oni d'Ifé (11,5 cm).*

PL. 25 – Effigie commémorative d'Ifé en terre cuite. L'exécution à la main du modelage de la glaise exigeait des connaissances techniques extrêmement poussées. La cuisson était effectuée dans la cendre à une température de 300°. Nigeria. XIIIe siècle. *Appart. à l'oni d'Ifé.*

enfant ; femmes au métier à tisser ; cavaliers, animaux, etc., souvent éclatants de teintes bariolées.

Au service de la société secrète Ogboni qui dirige la vie politique dans chaque village yorouba, nous trouvons deux objets cultuels : d'abord le grand tambour à reliefs *agba* sur lequel apparaissent des êtres mythiques aux nageoires de poisson et des animaux aquatiques entre des bandes d'entrelacs ; ensuite les délicates baguettes *édan* fondues à cire perdue en cuivre ou en laiton, pendues par deux à une chaîne et qui servent d'insignes aux membres initiés.

FIG. 70

FIG. 71

Mais le trésor artistique des Yorouba comprend bien d'autres éléments et en particulier, dans le domaine profane : montants de porte, portes, poteaux et piliers dans les palais, coupes aux formes harmonieuses supportées par des figurines pour recevoir les noix de kola sacrées, poteries à figures, lampes d'argile et bracelets en ivoire sculpté.

PL. 22

FIG. 68

FIG. 67

Les Ékiti d'Owo, dans la province d'Ondo (pays yorouba oriental), qui se rattachent par bien des aspects de leur culture au Bénin méridional, ont un style qui leur est propre : têtes en bois, pour le culte des ancêtres et de l'igname, qui dépassent encore celles du Bénin en puissance et en audace (par ex. Fig. 72 : tête de bélier). Owo était un centre de sculpture sur ivoire, et bien des pièces trouvées au Bénin doivent en provenir. (Aujourd'hui encore les Ékiti exécutent des effigies extraordinairement fidèles de leurs morts.)

TRIBUS FORESTIÈRES DU SUD-EST NIGÉRIEN

Sur les deux rives et à l'est du delta du Niger, dans la sylve primitive gorgée d'eau, vivent diverses tribus d'agriculteurs, parmi lesquels les Ijo et les Ibo parlent le kwa soudanais, les Ibibio et les Ékoï un semi-bantou. Ni les uns ni les autres ne se sont groupés en États. Leur vie politique est dirigée par de puissantes sociétés secrètes qui ont également les masques sous leur coupe. L'art dans ce pays de forêts, imprégné d'un naturalisme démoniaque chez les uns, de surréalisme et de cubisme chez les autres, n'a encore été que peu étudié. Chacune de ces tendances

FIG. 69   FIG. 70

extrêmes a produit des créations d'une rare puissance dramatique.
A côté des quatre grandes tribus avec leurs nombreuses variantes for-
melles entre lesquelles il est difficile de tracer des lignes de démarcation
bien nettes, car elles s'influencent réciproquement, il en existe de plus
petites qui se font remarquer par des œuvres isolées mais importantes.
Les *Ijo*, dans la région côtière marécageuse du delta du Niger, paléonigritiques repoussés jusqu'à la mer, sont des pêcheurs et des agriculteurs.
Ils croient que les ancêtres et les esprits surgissent de nouveau des eaux
et les représentent sous des aspects de masques poissons et hippopotames   PL. 31
d'une audace inouïe dans l'abstraction[1]. Les autels des ancêtres, aux
multiples figures distinctes que l'on repeint à chaque fête, n'ont pas un
aspect plaisant, mais produisent une impression frappante.
Les Sobo (ou Ourobo) voisins, sous-tribu édo, sur la rive droite du Niger,
créent des abstractions d'une grande valeur, encore que poussées à un
point moins extrême. La grande tribu des Ibo (5 millions d'âmes), qui
cultivent des terres fertiles dans l'arrière-pays à l'est du delta, se subdi-
vise en quelque 30 branches. Beaucoup de ces indigènes circulent au loin
pour commercer, ce qui signifie que leur art a été soumis à de nombreuses influences extérieures. Cependant ils ne se sont pas contentés de co-
pier l'étranger, ils ont assimilé son apport et l'ont transfiguré pour se
l'approprier. Parmi les plus belles réussites, il convient de citer leurs

[1] Parrinder

PL. 26 – Effigie commémorative en bronze de l'autel de la reine mère (Bénin). Selon la tradition, elle a été érigée par l'oba Ésigie, l'un des rois les plus célèbres, à la mémoire de sa mère, Idia. La sensibilité qu'exprime le traitement du visage, la minceur du métal (3 mm) et l'étroite collerette de perles situent la production au début du XVIᵉ siècle. La résille qui recouvre la coiffure féminine typique s'harmonise avec les perles de jaspe, de cornaline et de corail, symboles de la puissance du chef. Nigeria. *British Museum, Londres (40 cm)*.

PL. 27 – Masque, brassard et léopard ; trois objets précieux en ivoire incrusté de cuivre (Bénin ancien). Le superbe masque, avec les oreilles au modelé si naturel, la couronne de têtes portugaises barbues et les ornements de perles, était porté en pectoral et symbolisait la royauté divine du Bénin à l'apogée de sa puissance, au XVIᵉ siècle *(24 cm)*. Les mêmes têtes de Portugais reparaissent sur le brassard *(15 cm)*. Le petit léopard est lui aussi symbole de force *(24 cm)*. XVIIIᵉ siècle. Tous de la Nigeria. *British Museum, Londres.*

visages d'esprits, blancs et étroits ; des masques mortuaires féminins aux coiffures en casque avec lesquels les représentations masculines noires et furibondes forment un contraste saisissant.

FIG. 73

Les «masques couteaux» ou *maji* des Afikipo-Ibo (province d'Ogoya), tout à fait abstraits, peints en rouge et noir, sont portés à la fête de la récolte et après l'initiation des enfants. La faucille recourbée vers le haut représente le couteau de cérémonie utilisé pour couper les ignames.

Les divinités locales grandeur nature et les *ikenga* de la province d'Onitsha sont très répandues. Elles se trouvent dans presque toutes les maisons pour en assurer le bonheur et la prospérité, on leur demande conseil à chaque occasion et on les détruit à la mort de leur possesseur.

Caractères: formes raides, grossières ; cornes comme symbole de puissance ; attributs dans la main ; peinture bariolée ; quelques combinaisons de figures bizarres (tête d'ennemi et épée de la fig. 74). Figures sur les portes et les montants des maisons communes ; murs aux décors colorés, riches en figures géométriques interprétées en relief, en peinture ou en mosaïque (éclats de poterie). Pour la fête annuelle Mbari, en l'honneur de la déesse de la terre, Ala, les Ibo modèlent des figurines d'argile grotesques, aux couleurs fantastiques, hommes, animaux, voire même scènes de la vie journalière, qui sont déposées dans la hutte sacrée. Les représentations de dieux, souvent plus grandes que nature, au corps et au cou démesurément étirés avec une tête minuscule, sont modelées sur une forme en palmes tressées.

Chez les Ibo et les Ibibio, des comédies avec marionnettes étaient, à l'origine, au service du culte et symbolisaient les esprits des morts.

Les Kwalé-Ibo exécutent en argile rouge des groupes de figures intéressants : humains et animaux dans des poses solennelles (Fig. 75) qui trônent sur l'autel de l'igname comme esprits protecteurs.

Les Ibo et leurs voisins, les *Abouan*, ont repris le rite ijo de l'esprit de l'eau et créé pour lui des abstractions extrêmement intéressantes, des masques portés horizontalement sur la tête. Les *alaga* des Ibo sont des combinaisons d'éléments humains et animaux rappelant les *anok* des Baga. La fig.76 montre l'esprit de l'eau Owu, de la secte Éboukélé des Abouan, interprété dans un style aux formes arrondies, tendant à la volute.

Dans la petite tribu des *Ogoni*, de la division Opobo, au sud des Ibo, nous rencontrons des masques extrêmement raffinés, produits de l'imagination pure, qui sortent pendant les jeux de la moisson, *karikpo*, pour exécuter des danses acrobatiques.

FIG. 77

Les *Ibibio*, qui comptent un million d'âmes à l'ouest de la rivière Cross, utilisent des masques et figures avec mâchoires et membres articulés qui

FIG. 71

FIG. 72   FIG. 73   FIG. 74

témoignent d'un naturalisme expressif. Ils sont d'une macabre férocité
quand il s'agit de représenter un démon de la destruction comme celui
de la rhinopharyngite avec son nez rabougri. Le style serein du clan Oron
n'en paraît que plus agréable, qui s'exprime dans des statues-colonnes   PL. 34
pleines de dignité.

Les Anyang, Banyang, Kéaka, Obang, Boki, etc., tribus semi-bantou
de la région forestière qui s'étend dans le bassin moyen et inférieur de la
Cross, appartiennent à la zone d'influence *ékoï*. Toutes sont sous l'autorité de la société secrète Ekpo dont les membres peuvent, selon leurs
mérites et leur crédit, franchir six ou sept échelons dans ses dignités. Ces
différences de grade sont marquées par leurs masques et leurs sommets   PL. 35
de coiffure recouverts de peau, ou par la combinaison de plusieurs visages et de poupées articulées. Avec leur réalisme accentué jusqu'au démoniaque, ils constituent un noyau d'art réaliste diamétralement opposé
au style cubiste du Soudan occidental. Leurs têtes d'animaux recouvertes de peau ne sont pas moins empoignantes et agressives. Un bourrelet
tressé sert à assujettir les têtes massives sur le sommet de la tête. Là non
plus il n'est pas facile de distinguer très nettement les styles des diverses
tribus, car l'artiste livrait aussi ses créations aux voisins. On peut dire
très généralement que les pièces anyang sont particulièrement violentes
et sombres, celles des Obang moins tourmentées, avec des cornes aux
courbes élégantes.

Les rares regards que nous avons pu jeter jusqu'à présent sur l'art des   NIGERIA
populations montagnardes des deux rives de la Bénoué et du plateau du   DU NORD
Bauchi nous permettent tout au plus de pressentir combien de trésors

ont disparu là et combien de documents nous restent cachés, entourés d'un secret total par ces populations fières et indépendantes. On connaît quelques sculptures remarquables d'une audacieuse abstraction, dues aux Joukoun, Chamba, Tiv et Afo, ainsi qu'aux Mama, Koro et autres tribus aux alentours de Wamba (plateau du Bauchi). Le buffle est l'animal protecteur le plus répandu dans la Nigeria du Nord (Fig. 78, masque mama) ; il est interprété sous forme de masques ou en terre cuite, avec une certaine raideur. Autrefois les porteurs de masque accompagnaient au son éclatant des tubas la visite officielle d'un chef afo dans les villages avoisinants, et j'ai vu de mes propres yeux que les indigènes utilisent toujours les statues de la fécondité avec des enfants pour les cérémonies du culte. Le sommet de coiffure afo (Fig. 79), qui combine des éléments du rhinocéros, du porc-épic et d'autres animaux, ressemble à certains des tyi-wara des Bambara. Les masques sont de préférence ornés de graines d'abrus collées, ou peints en rouge et blanc. D'autres tribus en sont restées au style primaire.

Les Haoussa, Noupé et autres populations en majorité islamisées des provinces du nord de la Nigeria ont, au lieu de la statuaire, développé de nombreux métiers d'art florissants qui ne peuvent renier

FIG. 75

FIG. 76

PL. 28 – Cavalier de bronze de la période moyenne du Bénin. Le costume permet de conclure que ce roi couronné de plumes était un visiteur venu des Etats du nord de la Nigeria. Nigeria. XVIIe siècle. *Le corps est dans la Coll. d'ethnologie, Zürich ; la tête au British Museum, Londres.*

FIG. 77

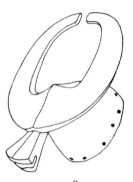

FIG. 78

leurs liens avec la Méditerranée et l'Orient, particulièrement Byzance et les Coptes. Les Noupé sont réputés pour leurs perles de verroterie, leurs cuivres martelés ornés de volutes et de motifs végétaux, leurs tissus teints à l'indigo qui ressemblent à du velours et leurs peintures murales. Les Haoussa sont des agriculteurs et des commerçants. Mais en outre, ils pratiquent le travail des métaux (forgés et coulés à cire perdue), le tannage, la peinture, le tressage, le tissage, la broderie et tout particulièrement la maroquinerie fine. Le degré de civilisation avancé de ce peuple se marque dans ses vêtements, les boubous richement brodés qui sont l'objet d'un commerce intense (Fig. 7).

Les poteries ornées des tribus dites païennes (Fig. 3 vase de terre des Piri), les bijoux et les bronzes des Tiv, Bachama, Bata, Pabir, Boura, sont d'un niveau fort estimable. Nous sommes convaincus que la Nigeria nous réserve encore bien des surprises et des émerveillements.

FIG. 79

V. CAMEROUN ET ANCIENNE
AFRIQUE-ÉQUATORIALE FRANÇAISE

Le riche butin des fouilles pratiquées, au Tchad, dans le delta du Chari, et qui se monte à des milliers de pièces, nous permet de faire tourner la roue du temps de quelques siècles en arrière. Ces trouvailles qui datent de périodes échelonnées entre le Xe et le XVIe siècle ont été reliées au peuple légendaire des Sao. A côté des figures humaines et animales de terre cuite très fine, étonnamment vivantes, bien équilibrées, tantôt réalistes et tantôt abstraites, on a trouvé des vases à libations ornés et des objets usuels, de même que des figures et des bijoux de bronze. L'emploi intensif du zigzag est remarquable. Du nord au sud, de la région du Tchad au littoral atlantique et au Congo, on distingue cinq zones de culture essentiellement différenciées par le climat qui dépend lui-même des chutes de pluie.

CULTURE SAO

FIG. 80

Le nord est dominé par les Foula musulmans, pasteurs pour la plupart et dont la société a un caractère féodal. Leur niveau de culture se marque dans l'habillement qui couvre tout le corps et les métiers d'art – à l'intérieur des limites assignées par une religion ennemie des images : calebasses ornées, travaux sur cuir, poteries et architecture majestueuse. Chez les Mousgou des bords du Logoné, on voit surgir brusquement des bâtiments de pisé aux formes harmonieuses, cases en obus et greniers aux surfaces décorées qui représentent comme un avant-poste de l'ancienne tradition méditerranéenne. Les peintures murales de la vallée du Faro, dans le nord du Cameroun, sont célèbres. Les Noirs refoulés dans les montagnes avec leurs cases à toit conique (Kirdi, Matakam, etc.) exécutent des poteries dans un style primaire amusant, et les Mambila, des sculptures sur bois originales.

ADAMAOUA
OUBANGUI-
CHARI

FIG. 11

Sur ce haut plateau entouré de montagnes, régions sèches et vallées luxuriantes alternent. Les habitants – des semi-Bantou – sont des agriculteurs et des pasteurs fiers et conscients de leur valeur ; les femmes cultivent à la houe millet, maïs et taro.
Ces hautes terres du Cameroun doivent leur renom à leur extraordinaire production artistique. Sous l'influence néo-soudanaise, des royaumes despotiques se constituèrent, qui portèrent les métiers d'art à un degré de raffinement très élevé sous l'impulsion de la cour et en monopolisèrent certains. C'est ce qui apparaît clairement dans l'architecture qui, au point de jonction des cultures ouest-africaine et néo-soudanaise, donna

SAVANES DU
CAMEROUN

FIG. 81

PL. 29 – Plaque de bronze représentant un roi avec sa parure de perles et des musiciens. Ces plaques étaient fixées sur les poteaux et les murs du palais royal, pour glorifier le souverain et ses hauts faits. Nigeria. XVIIᵉ siècle. *Coll. d'ethnologie, Zürich (50 cm)*.

PL. 30 a – *Oshé Shango*, baguette sacrée en bois pour appeler le dieu du tonnerre, *Shango*. On y a re-présenté ses emblèmes : la prêtresse du dieu ou son épouse, Oya, et les «haches du tonnerre» ou «pierres de foudre». Ces lames à deux tranchants, héritées de civilisations plus anciennes et qui, selon les indigènes, grondaient lors des orages, possédaient de ce fait des pouvoirs magiques. Une telle baguette peut faire des miracles et protéger du mal ; on l'arrose de temps en temps du sang d'un bélier sacrifié. Yorouba, Nigeria. *Musée Rietberg, Zürich. Coll. v. d. Heydt (48 cm)*.

PL. 30 b – Figure debout des Bapendé (rare). Le style rappelle celui des célèbres masques minyakis ►

Voir p. 137

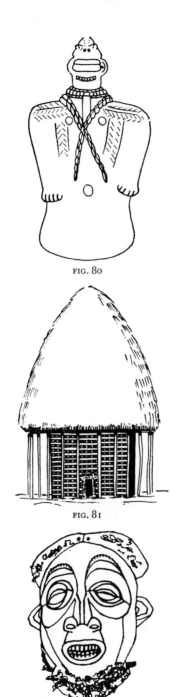

FIG. 80

FIG. 81

FIG. 82

naissance à des palais imposants au plan quadrangulaire et aux puissants toits de chaume en obus. Les murailles sont en écorce de palmier recouverte de latérite rouge. Les piliers et encadrements de porte sont le prétexte à des compositions multicolores dont les figures sont le plus souvent disposées en files soit horizontales, soit verticales.

L'art de la sculpture sur bois est moins inspiré par la religion que par le désir de représentation et de parure de la cour. C'est peut-être la raison pour laquelle les œuvres font peu appel à la sensibilité et visent nettement à l'effet. Leurs formes sont amples, audacieuses, d'un réalisme puissant mais simplifié, d'un mouvement dramatique qui brise souvent les lois de la compensation et néglige volontiers le principe de la frontalité.

Caractères: pommettes saillantes, grands yeux ouverts dans des orbites profondes, ailes du nez frémissantes, oreilles en retrait, bouche ouverte avec dents blanches, ornements de tête traités avec beaucoup de fantaisie, souvent en forme d'êtres mythologiques — araignées, caméléons, grenouilles, lézards ou humains. La plupart des masques semblent figés dans un sourire grimaçant (Fig. 82, du Bamoum); même le buffle qui participe au jeu dansé avant la chasse, à Bamenda, a l'air de ricaner

(Fig. 83). Dans les puissants masques éléphants des Bali, qui servent au culte des morts, c'est surtout la simplification consciente et l'équivalence des formes qui frappe (Fig. 84). Dans d'autres masques, l'impression est produite par des structures audacieuses et un humour direct (Pl. 36). Le dynamisme intérieur des figures plantées sur des jambes écartées et dotées de colliers, calebasses, pipes ou cloches est encore intensifié par l'asymétrie (Fig. 85 : cette image d'un roi bamiléké avec son trophée de tête produit une impression quasi théâtrale). Les sculptures ornaient les poteaux des maisons et le siège du roi (Pl. 37). Les statues royales du trône des Békom (Fig. 86), presque grandeur nature, pleines de dignité, aux proportions harmonieusement classiques, sont dotées d'ornements en perles, de vrais cheveux et de feuilles de cuivre.

Force et ampleur, équilibre des mouvements et rythme endiablé de l'ornementation se retrouvent dans les objets usuels. Les tambours géants, les plats à nourriture, le siège des tabourets ronds sont soutenus par des cariatides, des humains accroupis, des animaux, des êtres fabuleux, ou ornés de reliefs et de motifs ornementaux ajourés. La fig. 87 montre à quel point la fonction de support peut être exprimée de façon convaincante. La possession des perles était un privilège réservé à la cour et aux insignes royaux. Les métiers d'art se développaient ou s'étiolaient selon l'intérêt, les commandes et la puissance des cours qui s'entouraient de spécialistes. Mais leur sort était lié aussi aux artisans eux-mêmes qui conservaient certains procédés comme des secrets de famille. Les techniques changeaient donc de pays avec eux, tombaient dans l'oubli, ou au contraire se répandaient au loin. C'est là un fait qui peut faire douter du lieu et de l'origine assignés aux

FIG. 83

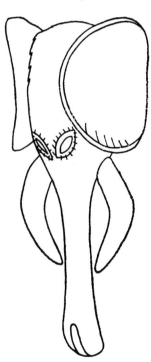

FIG. 84

par son lyrisme mélodieux et son «introversion» marquée. Ces figures ornaient autrefois le faîte ou l'entrée de la case du chef, ou encore celui-ci les conservait chez lui comme insigne de la force dont dépend la fécondité des humains et des champs. Sud-ouest du Congo. *Musée Rietberg, Zürich. Coll. v. d. Heydt (59 cm)*.

PL. 31 – *Otobo*, masque hippopotame d'une puissance monumentale exécuté par les Kalabari-Ijo dans le delta du Niger. Tous les 25 ans, la société secrète *Sekuapu* invite les esprits de l'eau au jeu *Owu* organisé en leur honneur. Le mime s'enfonce jusqu'à la bouche dans la boue du marécage en portant le masque horizontalement sur la tête, de manière qu'il regarde vers le ciel et oscille sur l'eau telle une apparition de l'au-delà. Nigeria. *British Museum, Londres.*

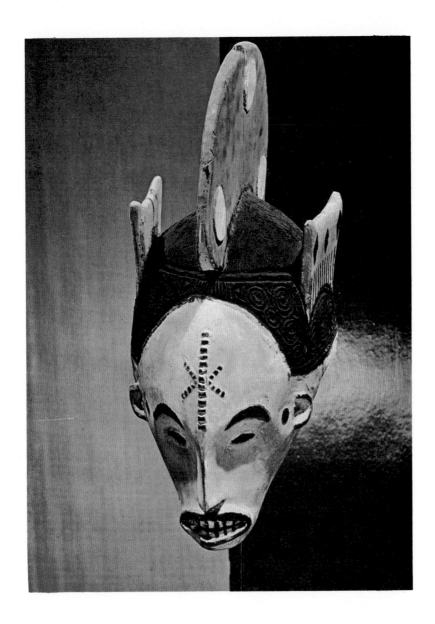

PL. 32 – Visage de défunt représentant l'esprit d'une belle jeune fille ou de sa mère. Complété par un costume bariolé orné de symboles appliqués, le masque est porté par les hommes de la société secrète *Mmwo* (Ibo du nord) aux cérémonies du culte de l'igname et aux enterrements solennels de ses membres. Les morts parlent par sa bouche avec la voix de l'esprit. Sud-est de la Nigeria. *American Museum of Natural History, New York (43 cm).*

pièces exposées dans les musées européens. Bali, célèbre à la fin du XIXe siècle pour ses belles pipes en terre à figures, rouges ou noires, a dû s'en fournir chez les Bamessing et les Baboungo. Quant aux plus belles, qui mesurent souvent 2 m de long, elles proviennent des

FIG. 88

Bamoum. Elles possèdent le bol gonflé et le réseau décoratif du fourneau typique dont les araignées courent sur six pattes au lieu de huit, ce qui n'inquiète assurément guère l'artiste ; la seule chose qui lui importe, c'est d'avoir saisi leurs caractères distinctifs profonds. Un serviteur portait la pipe derrière le souverain comme insigne de sa dignité. Les Babessi ont constitué un centre intéressant pour la fabrication de la céramique.

FIG. 85

Dans le domaine de la fonte des métaux à cire perdue, les Tikar sont les premiers à faire parler d'eux, suivis par les Bamoum. Le sultan Njoya distribuait comme cadeaux de mariage des pipes de laiton richement décorées. Le fourneau de pipe des Bagam, en forme de tête d'éléphant,

FIG. 89

a quatre crocs qui sont l'insigne du rang d'un grand chef. Les pipes royales étaient fumées par les dames de la cour lors d'une cérémonie cultuelle dans les champs. Les bouchons des cruches à vin de palme sont somptueusement ornés de motifs d'animaux raffinés fondus en laiton : l'anneau de bras à tête de buffle de la fig. 1 est d'une élégance remarquable. Aujourd'hui encore, les artisans des savanes camerounaises coulent le laiton pour en faire des cloches, des bijoux, des poignées d'épée, des pipes, des statuettes et des masques décoratifs qu'ils vendent ; malheureusement, ces œuvres semblent figées dans la monotonie de la routine et exécutées avec peu de soin.

Les étoffes de coton tissées par les hommes étaient richement brodées de teintes à l'indigo avec dessins réservés par pliage ou application de caches. Le sultan Njoya, qui possédait de nombreuses teintureries autour de sa résidence, aurait lui-même composé des motifs et découvert des procédés de peinture.

FIG. 87

Les branches les plus importantes de l'art dans ces régions se répartissent entre les centres suivants dont chacun doit son éclat à une spécialité propre : la production de cour était concentrée à la résidence du sultan des

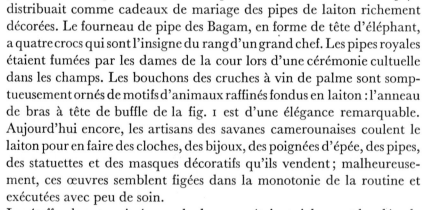

Bamoum, Njoya, à Foumban (anc. Cameroun français), personnalité extrêmement marquante du début du XXe siècle et grand animateur de la culture locale. Les ateliers royaux exécutaient surtout des masques, des pièces en bronze, des tissus à dessins et brodés, des cornes à boire sculptées et de grandes pipes (Fig. 88). Lors d'un deuil à la cour, les chefs voisins envoyaient des délégués masqués pour chasser les esprits. Figurines, trônes (Pl. 37) et calebasses étincelaient de perles qui les couvraient presque entièrement.

Le groupe *Tikar*, fixé au nord des Bamoum, a aussi une grande importance. Autrefois centre de premier plan pour la fonte du bronze, le pays produit aujourd'hui des têtes de bois burlesques; les Békom sont célèbres pour les figures royales de leur trône (Fig. 86) et leurs encadrements de porte sculptés; les Bafoum, pour leurs figures violemment expressives et leurs masques gonflés d'un souffle dramatique; les Bali, pour leurs objets usuels élégants, surtout des coupes rondes et des pipes en terre.

Dans l'important groupe Bamiléké (autour de Bafoussang, Dschang, Bamenda), ce sont les statues asymétriques si vivantes des Bangwa, Bati, etc., qui dominent (Fig. 85). Particulièrement remarquables sont les trônes en perles, les tambours géants et les calebasses recouvertes de perles avec les crânes des souverains, les grands masques des Bangwa, les travaux sur laiton des Bagam (Fig. 1) et les masques géants de style cubiste des Bacham (Pl. 36).

Au sud-ouest de Dschang, la savane fait place à l'épaisse forêt tropicale et avec les conditions de vie, les caractères de la civilisation se modifient. Dans la partie ouest, une culture ancienne s'exprime par une plastique grossière de style «poteau» (Yabassi, etc.). Çà et là, on trouve parmi les masques des têtes de Janus et

FIG. 86

FIG. 89

FORÊTS
DE L'OUEST
CAMEROUNAIS

141

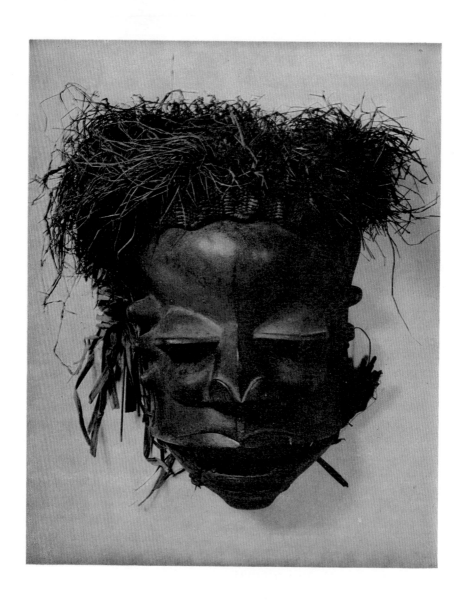

PL. 33 – Masque en bois à mâchoire articulée comme en porte la société secrète *Ekpo* des Ibibio pour chasser les démons lors de la récolte des ignames et maintenir l'ordre. Sud-Est de la Nigeria. *Linden-museum, Stuttgart (30,5 cm)*.

PL. 34 – Figure pleine de dignité d'un Ibibio barbu du clan Oron (XVIIIᵉ ou XIXᵉ siècle). La stylisation poussée tend à produire l'effet d'une colonne. On lui apporte des offrandes lors des différentes phases de la culture des champs et des maladies. Sud-Est de la Nigeria. *Coll. Warner Münsterberger, New York.*

des Hermès aux grandes cornes (Ngoutou, etc.), derniers échos du puissant style ékoï. Les Bafo, à l'ouest du cours moyen de la Moungo, FIG. 90 jouent une symphonie contrapuntique aux mouvements variés avec leurs groupes de petit format; leurs sculptures entrent en action au moment de la prestation du serment. Les Ngolo exécutent, en plus, des planchettes à reliefs avec des décors combinant les animaux à d'autres motifs.

Sur le littoral camerounais, avec sés marécages à palétuviers (Douala) et dans l'arrière-pays (Bodiman et Wouri) un style composite intéressant s'est élaboré à la suite de siècles de contact avec les trafiquants européens: *Douala* des compositions pleines de fantaisie et de mouvement, mais quelque peu **PL. 38** bouffonnes, aux teintes criardes, ornent la pirogue royale, les sceptres de danse et les trônes de la société secrète Ékongolo. Il existe en outre des masques mortuaires qui sont exécutés dans un style géométrique tout à fait conforme à l'esprit africain authentique. Dans les régions fores-**FORÊT** tières humides de l'ancienne Afrique-Équatoriale française et de la Gui-**ÉQUATORIALE** née espagnole, où des populations bantou, avec apport soudanais plus tardif, ont conservé l'antique méthode ouest-africaine des brûlis et le culte des ancêtres, un aspect nouveau et important de la production artistique se dessine. Le centre se trouve chez les Pangwé et les tribus de l'Ogooué (Bakota, Baloumbo, etc.) chez les Kouyou, Babembé et Ba-téké. Plus nous nous approchons du fleuve et plus les tendances à l'abs-traction, aux raffinements de la sensibilité deviennent fortes.

Pangwé Les Pangwé, qui comptent un million d'âmes, ne sont arrivés dans la région entre Sanaga et Ogooué que vers 1800, venant du Soudan orien-tal et ont atteint le littoral atlantique vers 1870. Leur art grandiose a pu résulter d'une symbiose de l'art autochtone et d'éléments importés. Nous rangeons les Boulou, Yaoundé, Éton du Sud camerounais parmi les Pangwé du nord; les Ntoum et Mvaï du Gabon et de la Guinée espagnole parmi les Pangwé du centre; les Fang du Gabon, etc., parmi les Pangwé du sud.

Les Pangwé ont l'habitude de rassembler le crâne et les os de leurs digni-taires défunts dans des pyxides *(byéri)* avec des substances magiques et de les couronner d'une sculpture en bois dans laquelle ils voient les pre-miers ancêtres et l'esprit protecteur de la famille, l'incarnation de leurs forces vitales réunies. Cette croyance a conduit à une conception rela-tivement uniforme. L'image du défunt est pleine de gravité, elle a des joues creuses, des orbites profondes, un menton proéminent et décharné qui rappelle le modèle du crâne naturel; des ondulations ou un bonnet qui descendent avec vigueur jusqu'à la nuque, des mains posées sur le

FIG. 88

144

corps long et rond, sur les genoux ou sur un récipient contenant des substances magiques et des jambes bombées, exagérément courtes. La position assise, sur une sorte de poteau spécial, est rendue indispensable par le fait que ces sculptures sont posées sur les pyxides à reliques. A l'intérieur de cette conception originelle, on trouve des variantes à l'infini. Il est bien difficile de déceler avec certitude ce qui vient du nord et ce qui vient du sud, car les divers styles surgissent les uns à côté des autres de la manière la plus inattendue (Pl. 39). Les Fang ont un penchant pour l'abstraction ; les Pangwé du nord tendent vers une plus grande liberté et plus de fidélité à la nature. La figure 91 montre une forme particulière aux Pangwé dont les motifs se retrouvent dans les masques. Les reliquaires sont les productions les plus nombreuses de cet art plastique, mais à côté d'eux on trouve aussi des statues isolées et des objets usuels décorés de figures (cuillères, tambours, harpes, cannes) qui témoignent d'un sens aigu du style.

FIG. 90

Dans les petites noix qui servent à l'*abbia* (jeu de hasard) les Yaoundé gravent des idéogrammes et des scènes qu'ils adaptent avec une grande habileté aux formes de la noix, unissant faces et profils pour en faire de nouvelles images virtuelles (Fig. 92 : danseuse avec ceinture de raphia). Les masques jouent un rôle secondaire pour les Pangwé, bien que chez eux aussi les sociétés secrètes règnent et que les démons doivent être chassés (Pl. 40).

Les Bakwélé, installés depuis fort longtemps sur le cours supérieur de la Likouala, créent des œuvres irréelles, fortement abstraites (Fig. 93). La partie blanche des masques, orbites et joues, compose un cœur avec la bouche noire, ce qui lui donne une intensité plus grande encore. Les yeux, fendus de biais, légèrement saillants, sont caractéristiques. Quelques masques animaux ont une élégance ravissante. Le style bakwélé présente quelque ressemblance avec celui des Pangwé, Wabembé et Waléga.

Devant la poussée des Pangwé, les Bakota du haut Ivindo (affluent de l'Ogooué) se sont déplacés vers l'ouest et le sud jusqu'à Sibiti pour s'étendre dans le Moyen-Congo et l'ouest du Gabon. De même que les Adouma, Ambété, Ondoumbo et autres tribus du cours moyen de l'Ogooué, ils ont l'habitude de conserver les crânes de leurs dignitaires dans des corbeilles qu'ils couronnent d'une effigie. L'esprit ancestral est réveillé par des claquements de mains, réjoui par des offrandes, puis on lui demande conseil. Bien qu'elles procèdent de la même idée, les réalisations artistiques des Pangwé et des Bakota présentent, en fait, des différences radicales : dans les figures des premiers, les formes naturelles restent perceptibles malgré une stylisation poussée, alors que les seconds leur don-

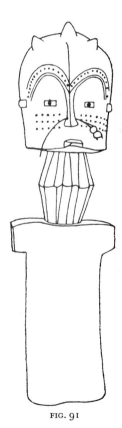

FIG. 91

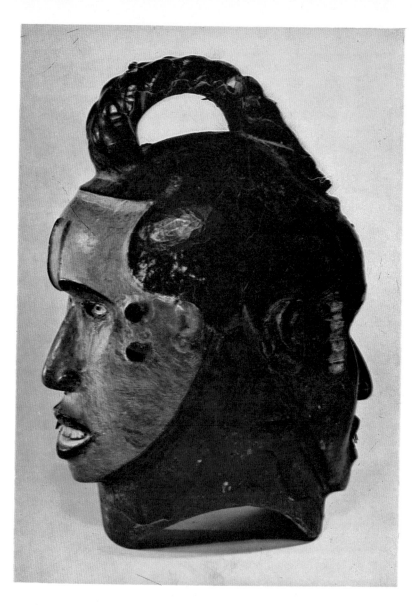

PL. 35 – Le masque casque des Ékoï recouvert de peau d'antilope représente les membres défunts de la puissante société secrète *Ekpo*, qui rend la justice. Les marques sur les tempes indiquent le rang de la société dans la noblesse. Le réalisme sans concessions est encore souligné par des yeux incrustés en fer et des dents en os. La tête de Janus – masculine et noire aux yeux fermés, d'un côté, féminine et claire aux yeux ouverts, de l'autre – dont le regard pénètre le passé et le présent, est omnisciente et toute-puissante. Ainsi que le rapporte Talbot en 1926, les Ékoï attachaient autrefois les têtes d'ennemis vaincus à ce masque pour danser dans l'ivresse du triomphe, ce qui rappelle évidemment la danse du scalp des Indiens. Région de la Cross. *Coll. d'ethnologie, Zürich (49 cm).*

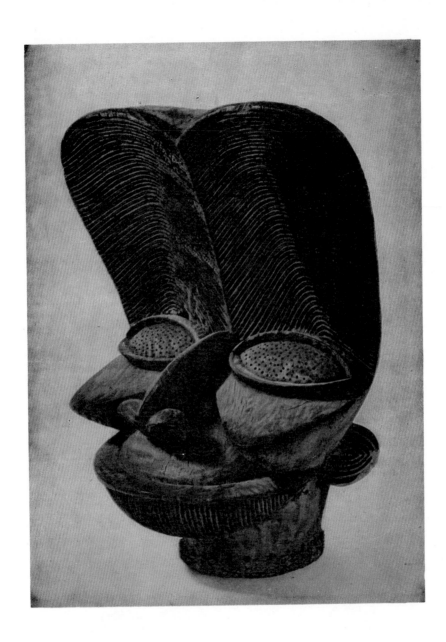

PL. 36 – Grand masque de danse des Bacham, groupe Bamiléké de Bamenda. Son importance artistique réside dans le dynamisme et la tension des volumes cubiques, la structure puissante des plans. Savane camerounaise. *Musée Rietberg, Zürich. Coll v. d. Heydt (67 cm).*

nent un visage parfaitement imaginaire qui n'a son semblable nulle part (Pl. 41).

Les *mbulu-ngulu* sont des visages de bois plats, ornés de feuilles de métal appliquées, certains concaves, d'autres convexes, à la fois décoratifs et symboliques, aux significations multiples – ce qui a donné lieu à bien des interprétations absurdes. Les Janus s'appellent *mbulu-viti*. Les figures plus petites de la fig. 94, dites *naja*, qui surprennent par le jeu particulièrement raffiné des lamelles de métal, appartiennent également par le style au groupe bakota. Les masques fortement cubistes de celui-ci, peints en noir et blanc, dérivent, avec leur front bombé, les arêtes aiguës des yeux et du nez, des *mbulu-ngulu* convexes, mais font aussi penser aux Bambara. Dans de tels masques, un visage d'esprit vu en rêve, habillé de vêtements en raphia et paré de plumes, le grotesque démon Yolo, se glisse dans le village aux fêtes et aux cérémonies mortuaires, mais les héros interviennent et le chassent – ainsi que tout ce qui est mauvais.

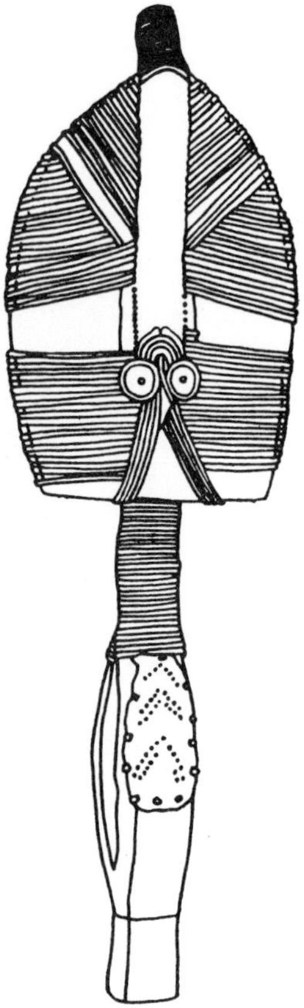

Ambété   Les figures des reliquaires, les statues et les masques des Ambété ont une structure puissante, cubique (Fig. 95) avec une coiffure en étages et le visage souvent peint en blanc.

FIG. 94

Ogooué   Pour définir le style, communément appelé baloumbo ou mpongwé, des célèbres masques blancs, nous faisons plus volontiers usage d'un concept

PL. 42   régional d'ensemble : celui du bassin de l'Ogooué, car il correspond plus

FIG. 92

FIG. 93

FIG. 95

exactement à l'aire d'origine probable et d'extension. De nombreuses tribus gabonaises, fort éloignées les unes des autres, portent ces masques blancs : Baloumbo, Mashango, Ashira, Galoa et Mpongwé. Andersson les a vus chez les Bakota et suppose que leur lieu d'origine est situé sur le cours supérieur de l'Ivindo. Le littoral des Mpongwé constitue simplement le point terminus où le masque est vendu aux Blancs.

Les Kouyou (et les Baboshi voisins) de l'ancien Moyen-Congo français, taillent pour la danse du serpent des têtes de bois en forme de massue et des statues. Elles ont pour la plupart un modelé très grossier, des teintes criardes ; les visages ont des traits énormes et les corps, en forme de tonneau, sont parsemés de scarifications. Impression d'ensemble : un réalisme outré, envahissant. Rares sont les pièces qui par leur force expressive irrésistible brisent ces étroites limites. *Kouyou*

PL. 43

Nous trouvons un autre groupe de sculptures chez les Babembé (au nord de Brazzaville, sur la rive droite du Niari) : ne pas confondre avec les Wabembé de l'extrémité nord du lac Tanganyika ni avec les Babemba de la Rhodésie du Nord ! Parmi les tribus qui leur sont apparentées, on peut citer les Baladi, les Batendé et les Babwendé, ainsi que d'autres dans la région des cataractes, au Congo ex-belge. *Babembé*

Caractères: figures et fétiches domestiques dans diverses positions : debout, assis, tantôt jambes croisées, tantôt les coudes sur les genoux ; torses étirés, cylindriques, avec scarifications tribales en motifs décoratifs, souvent fortement polis ; morceaux d'os ou de verre incrustés à la place des yeux, barbes en demi-ovale, visages modelés avec douceur, de style naturaliste.

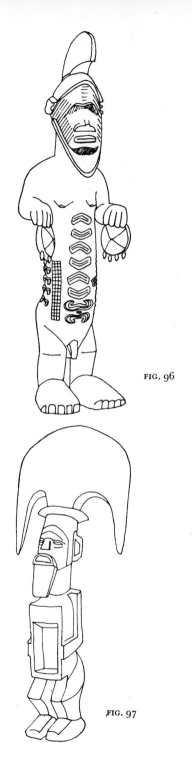

FIG. 96

FIG. 97

Ils portent dans les mains divers attributs : fusils, couteaux, cannes, cloches (Fig. 96). Les calebasses sont recouvertes de figures symboliques gravées au trait. Les Batéké, implantés dans la région des cataractes du Bas-Congo et du Stanley-Pool, se distinguent des autres tribus voisines (Wamboundou, Bayansi, Basoundi, etc.) par les *bitéké*, fétiches renfermant des substances magiques (Fig. 97). Souvent une tête, au caractère cubiste prononcé, domine la structure avec une chevelure coiffée en hauteur ou un heaume, les yeux horizontaux, la bouche droite, la barbe équarrie et des tatouages verticaux ou en diagonale sur le visage. Les corps sont traités sommairement, les bras peu marqués, les genoux anguleux. Un «tabernacle» au milieu du tronc renferme le placenta d'un fils qui protégera celui-ci jusqu'à la puberté. Les Wamboundou, qui leur sont apparentés, sont célèbres comme sculpteurs et leurs figurines bitéké font l'objet d'un commerce étendu.

De la région batéké anciennement française proviennent les visages en disque polychromes (Pl. 44) qui témoignent d'une capacité d'abstraction très remarquable. Ces indigènes sont également renommés pour leurs tissus fins comme de la soie, leurs têtes en terre cuite et leurs anneaux de cou en laiton gravé.

VI. CONGO EX-BELGE

La sylve primordiale, si difficilement pénétrable, ainsi que le climat torride et humide du bassin du Congo sillonné par de nombreux cours d'eau ont depuis les temps les plus anciens, freiné le développement de la civilisation. Dans l'Itouri, les minuscules Bambouti, chasseurs et cueilleurs, se glissent à travers les fourrés, mais l'inextricable fouillis végétal est devenu surtout un lieu de refuge pour les populations noires, qui y ont introduit des influences étrangères. Le cours de l'Oubangui, du Congo et du Kasaï a été suivi, au long des âges, par d'innombrables migrations, mais c'est seulement dans les régions plus élevées des affluents méridionaux et orientaux du Congo, là où la savane humide brise l'étau de la forêt vers le 4ᵉ degré sud et offre des conditions de vie plus favorables, que la civilisation a pu se développer.

L'impulsion qui déclencha la recherche d'un niveau de vie plus élevé fut donnée en premier lieu par une classe dirigeante de Néo-Soudanais venus du nord qui établit sa domination sur les agriculteurs bantou autochtones et réunit les petites communautés villageoises autonomes en empires féodaux puissants. Par la suite, beaucoup de ceux-ci s'écroulèrent, envahis par d'autres tribus ou déchirés par des luttes intestines.

FIG. 98

Parmi les plus célèbres, citons les empires Kongo et Loango, des deux côtés de l'embouchure du fleuve ; Bakouba, Balouba et Baloundá au sud et au sud-est ; Azandé et Mangbétou au nord. Les caractères spécifiques de la royauté absolue et divine, les mythes de la tribu et les particularités de leur ornementation les rapprochent, dans le domaine culturel, des anciens empires du Nil, de la région des grands lacs, de la Rhodésie du Sud, de la Nigeria, du Cameroun, etc. (Page 12).

Le Congo septentrional, de régime patriarcal, a surtout cultivé le style abstrait que préservait l'isolement de la forêt vierge. Les Bantou des savanes du Sud, au régime matriarcal, préféraient le style naturaliste avec ses manifestations pleines de fantaisie.

Les centres de style célèbres avec leurs innombrables sous-groupes (que nous devrons nous contenter d'effleurer dans le cadre de cet ouvrage) se trouvent dans les régions sud et est des fleuves congolais et dans celles de l'embouchure. En architecture, formes ouest-africaines et néo-soudanaises se juxtaposent et s'interpénètrent. Les vastes et somptueuses cases des chefs témoignent de la volonté de puissance des souverains.

Dans les métiers d'art, l'emploi de perles multicolores, de plumes, de

FIG. 99

151

tressages ornementaux et de métaux engendre une richesse de formes et de décors infinie. Calebasses, nattes et corbeilles, haches d'apparat, armes, lits, poteries à couverte rappelant la laque, tout est décoré. Le plus petit objet usuel est recouvert d'ornements qui dérivent souvent d'anciens motifs symboliques. Partout, ce sont les tresses et les entrelacs qui dominent. Les animaux sont rares, les plantes quasi absentes.

BAS-CONGO

Lorsque Diego Câo découvrit l'embouchure du Congo en 1482, de puissants royaumes s'y étendaient et un trafic commercial important finit par s'établir entre le roi Manikongo et la cour portugaise. Le souverain se montra bien disposé envers le catholicisme et se fit baptiser sous le nom d'Affonso Ier. Il appela des artistes portugais à sa résidence de San Salvador, dans le nord de l'Angola ; des missionnaires édifièrent couvents et chapelles, apportant de leur patrie des reliquaires, des crucifix, et parvinrent à se maintenir pendant deux siècles environ. Sous leur influence, les indigènes exécutèrent de beaux crucifix en bronze et des calices en ivoire. Pourtant, des conflits subsistaient : non seulement les Blancs profitaient du trafic des esclaves et de l'ivoire, mais ils mettaient en péril l'ordre ancien en exigeant la monogamie. Après l'expulsion des missionnaires et la rupture des relations avec l'Europe, les manifestations du christianisme, restées d'ailleurs superficielles, cessèrent complètement. C'est seulement dans la deuxième moitié du XIXe siècle que les rapports avec les Blancs furent renoués.

FIG. 100

Au cours d'une histoire tumultueuse, l'empire Loango (anc. Moyen-Congo français) domina par moment l'empire méridional du Congo avec son rituel de cour hiératique si particulier, qui fut, par la suite, contraint de subir également les invasions conquérantes des tribus bayaka. Au XVIe siècle, des Indiens durent, de leur côté, atteindre le Congo et s'y implanter.

Bakongo

Le style dominant, dans toutes les régions du Bas-Congo, de Léopoldville à l'Atlantique, est bakongo – ne pas confondre les deux noms !... Parmi les plus importantes tribus des Bakongo de l'ouest, citons : les Bavili de Loango, les Bawoyo dans l'enclave portugaise de Cabinda ; les Basolongo de l'Angola septentrionale, ainsi que les Basoundi du Mayombé, région boisée au nord de Boma. Aux Bakongo de l'est appartiennent les Bankanou, Bambata et Bazombo. L'influence des Européens sur l'art indigène ancien est relativement peu perceptible. La cosmogonie et la conception du monde des Bantou étaient en opposition flagrante avec les enseignements des missionnaires, qui exigeaient que les «idoles» fussent brûlées. Les tendances chrétiennes se manifestent surtout dans le motif mère-enfant (Vierge et Enfant Jésus), les fétiches à reliquaires,

FIG. 101

quelque peu aussi dans l'interprétation réaliste, mais les Bakongo ont assimilé ces apports étrangers et les ont fondus avec leurs propres conceptions.

Caractères: figures et groupes mouvementés, souvent asymétriques et librement structurés; yeux et rangées de dents incrustés; lèvres épaisses, oreilles au modelé naturel; réalisme dominé dans un esprit authentiquement africain et réduit à l'essentiel; volonté de style très claire.

Les monuments funéraires des dignitaires sont d'une beauté particulière; des femmes sont représentées à genoux, avec une calme dignité et une grande sim-

PL. 45

FIG. 98

plicité; des mères allaitant leur enfant, élevé au rang de symbole de la perpétuation familiale, ont une attitude pleine de noblesse. Tatouages et bijoux permettent d'apprécier le soin minutieux de l'exécution. Le bonnet des nobles, pointu ou en forme de tiare, est caractéristique de la région de Mayombé. Hommes et animaux se mêlent en groupes complexes sur l'autel des ancêtres. Certains éléments européens apparaissent sous forme d'accessoires anecdotiques. On a trouvé sur certaines tombes non loin de Matadi (Congo ex-belge) des statues de stéatite. Le fait que quatre pièces comparables furent apportées par des missionnaires au musée Pigorini, à Rome, vers la fin du XVIIe siècle et mentionnées dans d'anciennes relations permet d'attribuer une haute antiquité à l'art funéraire. Les plus récentes de ces statues ont été exécutées en 1910 par des artistes dont la tribu a conservé le nom aujourd'hui encore. Nombreux sont ces gardiens de tombes, appelés *mintadi*, qui témoignent d'une tendance au monumental; ils ont une expression grave, recueillie et surprennent par leurs attitudes vivantes, extrêmement inhabituelles, par exemple le «penseur» aux jambes croisées, aux yeux mi-clos, dont la tête légèrement penchée repose sur une main; son bonnet orné de dents ou de griffes de léopard stylisées est l'insigne d'un chef initié. Certaines attitudes correspondent probablement aux prescriptions du cérémonial de cour. De telles figures donnent des conseils aux humains. Gestes dramatiques, mouvements animés et accessoires nombreux, tels sont les caractères des fétiches *nkisi*[1]. Ils sont rarement beaux,

FIG. 102

FIG. 99

[1] Maes, *Figurines*

PL. 37 – Somptueux trône de perles du célèbre sultan Njoya des Bamoum. Le serpent à deux têtes est l'insigne de la puissance du chef. Trônes et sièges ont des dimensions et des formes qui varient suivant le rang du noble à la cour ; il sont utilisés spécialement aux réunions du tribunal et du conseil. Savane camerounaise. *Musée d'ethnologie, Berlin (83 cm).*

PL. 38 – Ornement d'une pirogue de guerre des Douala parvenue en Europe en 1840. Les motifs mythologiques se mêlent aux motifs européens de manière bouffonne. L'ensemble, aux couleurs violentes et plein de fantaisie, témoigne pourtant d'une certaine décadence. L'embarcation, longue de 24 mètres, transportait cent personnes. Cameroun. *Statens Ethnografiska Museum, Stockholm (94cm)*.

FIG. 103

FIG. 104

FIG. 100

au sens esthétique du terme, et leur fonction se réduit à l'efficacité de leur action énergique. Pourtant, de loin en loin, une œuvre d'art expressive surgit des mains d'un artiste doué grâce à la vision d'une force démoniaque active. Les fétiches à clous doivent produire une impression d'agressivité menaçante et pourtant, au-dessus du corps hérissé de ces *kondé*, le visage est plein d'expression, avec ses yeux grands ouverts, et rappelle celui des nobles figures funéraires, car toute la statuaire est imprégnée et vivifiée par la force primordiale du puissant esprit de la tribu. Chaque clou contraint ce dernier à accomplir un acte magique, chaque clou représente un meurtre rituel et se dresse, pendant la cérémonie dirigée par le prêtre, contre les malfaiteurs et les ennemis. A l'ordalie, l'accusé plante un clou pour prouver son innocence, pleinement conscient de ce qui l'attend en cas de parjure.

PL. 46

C'est au groupe des figures de protecteurs et de guérisseurs qu'appartiennent les nombreux fétiches à miroir aux formes humaines ou animales (chien, crocodile, léopard, etc.). Une statue de bossu, interprétée avec une puissance théâtrale, a, par exemple, la réputation de combattre le mal de Pott. La confection de ces figurines magiques est toujours entourée de pratiques rituelles dictées par le sorcier.

FIG. 101

Les *Bavili* donnent une apparence réellement pathétique à leurs masques au moyen de peintures rouges, noires et blanches, de bouches entrouvertes avec une pointe de dent apparente.

Le *ndungu* à deux visages, apparition fort impressionnante avec son vêtement de plumes, est porté par le sorcier au couronnement d'un prince, aux cérémonies pour demander la pluie et aux ordalies. D'autres masques, que caractérisent des peintures symétriques en noir et blanc, sont utilisés pour son culte par la secte Bakhimba, des Basoundi, organisatrice des écoles d'initiation. Leurs hochets à doubles figurines sont le symbole de l'esprit serpent, du double arc-en-ciel, et ont mission d'agir contre la magie noire.

FIG. 105

Les couvercles de plat en bois des Bawoyo constituent une réplique aux poids de bronze des Ashanti[1]. Leur décor symbolique à figures ordonné et délimité, exprime un état déterminé ou un souhait. L'héritage spirituel d'un peuple, sa sagesse et son expérience sont ainsi saisis et rassemblés dans des images, pour aider en cas de besoin à résoudre les conflits psychiques. Pour donner un avertissement à un époux quelque peu récalcitrant, la femme pose sur le plat en terre dans lequel elle lui apporte son repas un de ces couvercles historiés, provenant soit de son trésor familial à elle, soit d'une commande passée au sorcier pour les besoins de la cause.

Les petites poires à poudre des Basoundi ont des formes particulièrement belles, les unes avec des surfaces unies, les autres recouvertes d'un réseau de dessins et couronnées d'un animal ; cloches, cannes, poteaux

FIG. 102

des maisons et bien d'autres objets sont également remarquables. A côté d'ustensiles usuels en terre cuite des modèles les plus variés, un groupe de poteries surmontées de têtes ou de figures réalistes, visiblement unies par des rapports réciproques, attire l'attention. Elles sont signées de l'artiste bawoyo Voania Muba (Fig. 103) qui vivait au XIXᵉ siècle, mais n'a pas laissé de disciples après lui.

Des Bakongo nous connaissons aussi quelques pièces d'ivoire anciennes remarquables : par exemple des cloches avec des femmes agenouillées qui rappellent les *iroké* des Yorouba. Par contre, les dents d'éléphant ou d'hippopotame sculptées pour l'exportation ont un renom douteux, avec leurs scènes comiques, faisant intervenir Noirs et Blancs, qui dessinent une spirale autour de l'objet.

Parmi les Bakongo de l'est, les *Bankanou* se distinguent nettement par leurs masques puissants, leurs tablettes d'écorce peintes, comparables à celles des Bayaka. Celle que reproduit la pl. 47 constitue un trait d'union avec le centre de style suivant : la région Kouango-Kouilou.

[1] Gerbrands, *Art* . . .

FIG. 106

PL. 39 – *Byéri*, figures-reliquaires que les Pangwé placent en tant qu'incarnations de l'âme de la tribu sur les boîtes d'écorce renfermant les crânes et les membres de leurs dignitaires défunts. Celle du milieu provient sans doute des Mvaï *(58,5 cm)*, celle de gauche *(49cm)*, avec son maintien raide et sa simplicité monumentale, des Fang ; celle de droite *(42 cm)* s'est adjoint un motif de tresse en croix soudanais, et, à la place des yeux, on a enfoncé des clous. Anc. Afrique-Équatoriale française. *Tous au Musée Rietberg, Zürich. Coll. v. d. Heydt.*

PL. 40 – Dans ce masque raffiné, les membres de la société *Ngi* des Pangwé du sud agissent à la fois contre les mauvais sorciers et les criminels. La valeur artistique réside dans la grande simplicité, la dignité et l'équilibre, la tension entre les éléments individuels, le contraste entre le noir et le blanc. Les petits yeux rapprochés semblent diriger mystérieusement le regard vers l'intérieur. Gabon. *Coll. Withofs, Bruxelles (64 cm).*

FIG. 107

FIG. 109

<table>
</table>

SUD-OUEST DU CONGO   A la périphérie des anciens empires féodaux, le long des rives fertiles du Kouango et du Kouilou, les deux grands affluents méridionaux du Congo, vivent des peuples extrêmement doués chasseurs et agriculteurs qui pratiquent le culte des ancêtres et l'usage des masques.

Bayaka   Les Bayaka belliqueux – leur nom signifie «les forts» – avaient entrepris des conquêtes dans l'empire du Congo dès le XVIe siècle, si bien que le souverain de l'époque fut contraint d'appeler les Portugais à l'aide.

Leur sculpture témoigne d'une forte vitalité et d'une originalité parfois teintée de grotesque. Leurs objets usuels, fétiches, appuie-tête, matériel de divination, peignes, sifflets, sont ornés de figures d'hommes et d'ani-

FIG. 104   maux aux nez hypertrophiés, aux cheveux coiffés en torsades, aux corps bombés, au fessier accentué, qui produisent une forte impression plastique. Un signe caractéristique qui ne peut tromper, en plus du nez souvent retroussé en groin, c'est la présence des «lunettes»: l'effet est produit par la chevelure qui dessine un rond autour des orbites depuis le front jusqu'aux ailes du nez.

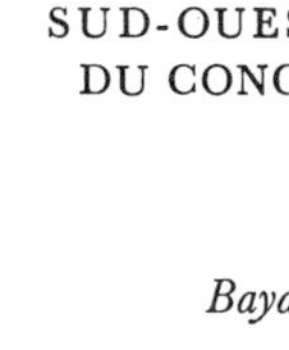

La plupart des figures magiques exécutées par les sorciers ont une valeur esthétique très réduite. Mais les Bayaka déploient un sens artistique passionné dans leurs masques. Des professionnels exercés rivalisent dans la création de masques originaux, pleins de fantaisie, pour les *tudansi*, les novices de l'école d'initiation Nkanda. Le petit visage de bois est surmonté d'un ornement, tressé en raphia et en éclats de rotang puis peint, qui laisse le champ libre à l'imagination du créateur et fait appel pour

FIG. 108

FIG. 110

ses sujets aux légendes, aux scènes villageoises. Les masques sont portés sur la tête ou sur le front, de manière que leur frange de fibres retombe devant le visage. Les danseurs, qui les tiennent parfois aussi par une poignée, portent un costume en filet et agitent une crécelle.

PL. 48

D'un caractère tout différent sont les masques géants, *kakungu*, fort rares, en partie peints en rouge, avec des joues gonflées et des formes légèrement spongieuses. Au contraire des masques tudansi, ils sont façonnés et consacrés par le sorcier, ce qui leur donne un maximum de puissance magique. Ils aident les femmes stériles, chassent les panthères et guérissent le malade que l'on dépose pendant quelques jours dans leur case. Le grand pontife de l'initiation les porte lorsque les novices sont admis dans la communauté des adultes. Des tablettes d'écorce peintes ornent les murs des cases réservées à l'initiation.

FIG. 105

Les Bayaka de l'est s'appellent Basoukou. L'exposé se trouvera facilité si nous adoptons ce terme pour désigner la région qui se distingue du style bayaka de l'ouest. Chez les Basoukou, nous trouvons des statues aux formes expressives et aux têtes rondes, caractérisées par des épaules très hautes, et des bras jaillis sans transition des omoplates. Les masques de bois *hemba*, avec leur frange de raphia autour du cou, la plupart sommés de motifs d'animaux, frappent par leur visage blanc et serein.

Basoukou

PL. 49

PL. 48, A GAUCHE

Les figures bambala du Kouango moyen sont pleines de mouvement. L'effet est obtenu par des poses ou des groupements insolites : batteur de tambour en action, «penseur» qui rappelle celui des Bakongo, person-

Bambala

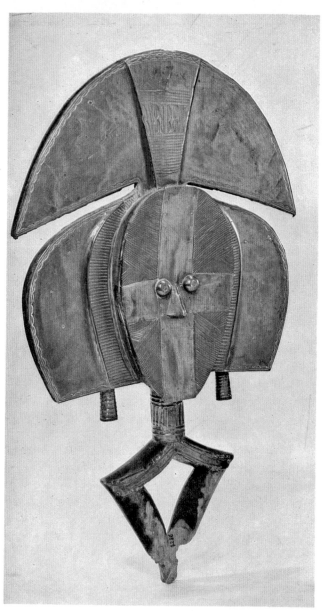

PL. 41 – Esprit des morts et gardien de la corbeille à crânes des Bakota. Composition équilibrée, or-
nementale, de feuilles de cuivre et de laiton ciselées et repoussées sur âme de bois. Le puissant arc représente une coiffure en heaume ou, pour certains Bakota, la lune ; les parties latérales, des joues,
qui pourraient aussi bien être des nattes ou des accessoires ornementaux. D'après les indigènes, le
losange sous le visage correspond aux bras, la corbeille renfermant les crânes des ancêtres remplace
le corps. Andersson estime qu'il pourrait s'agir là de la déesse mère qui règne sur les morts. Anc.
Afrique-Équatoriale française. *Coll. d'ethnologie, Zürich (78 cm).*

PL.42 – Visage d'esprit, particulièrement expressif, d'une morte du bassin de l'Ogooué. Bien que les yeux en biais et le visage blanc fassent penser à l'Asie, il s'agit d'une conception authentiquement africaine. Combien de fois avons-nous rencontré ces yeux à demi clos au regard fureteur, la puissante architecture de la coiffure torsadée, le blanc spectral et les lèvres proéminentes du Noir, devenus d'efficaces moyens d'expression ! L'initié porte ces masques avec un vêtement de raphia et se déplace sur des échasses, ce qui intensifie puissamment l'impression de mystère. Gabon. *Coll. d'ethnologie, Zürich (28 cm).*

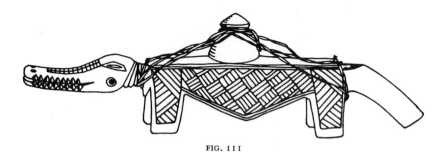

FIG. 111

nages accroupis les coudes sur les genoux, mères allaitant leur enfant, ou le tenant sur la hanche, voire même à califourchon sur l'épaule. Les visages ont un front bombé, un prognathisme accentué, un haut peigne médian et se distinguent par une force dynamique qui les imprègne tout entiers. La mère de la figure 106 donne l'impression d'une force naturelle puissante, sans rien qui rappelle l'intimité de la représentation mère-enfant européenne. Assise sur un tabouret, elle tient dans la main droite le hochet-sonnette des exorcismes pendant que l'enfant, dont la tête est presque aussi grosse que celle de la mère, est serré contre sa poitrine au point de ne faire qu'un avec elle. Les sculptures sont patinées avec ce même bois de *tukula* dont les hommes se frottaient autrefois le corps.

Bahouana   Le petit peuple de forgerons bahouana, sur les rives du Kouilou et de la Djouma, produit peu de sculptures sur bois, mais fait montre d'une grande maîtrise dans le travail de l'ivoire, ainsi qu'en témoignent des amulettes charmantes, insignes de l'initiation, représentant des figures à genoux, avec des têtes énormes, les mains sur le menton ou la poitrine.

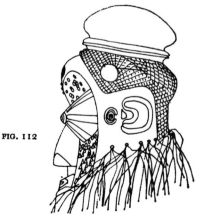

FIG. 112

Beaucoup ressemblent à des embryons (Fig. 107), d'autres sont projetées sur un plan (Fig. 108), ou réduites à une simple tête en disque. Des visages doubles, dont l'un a les yeux fermés et l'autre les yeux ouverts, symbolisent la mort et la résurrection des novices.

Le petit peuple jusqu'alors peu connu des Baholo, sur le haut Kouango, que A. Maesen a étudié à fond, étonne par un art grandiose et impressionnant. Les masques animaux polychromes et les figures rituelles aux bras étendus, aux mains géantes, compositions osées inscrites dans les encadrements de portes, témoignent d'une volonté créatrice très consciente.

FIG. 113

Chez les Bapendé de l'ouest – entre Kouango, Louie et Inzia – l'art du masque est l'un des plus richement différenciés de tout le continent. Son effet repose sur le jeu subtil des correspondances entre les formes et les regards voilés sous les lourdes paupières triangulaires.

Caractères : les arcs des sourcils se rejoignent dans une dépression à la racine du nez, dessinant ainsi une ligne fermée grave et expressive ; fronts puissants et bombés sous des coiffures en tressage, hérissées de pointes ; pommettes hautes et larges, mentons pointus ou barbes entaillées par des encoches ; nez légèrement retroussés à leur extrémité ; narines visibles. De même que les Balouba, Batshokwé et autres tribus avec lesquelles ils font du commerce, ils sculptent des escabeaux à cariatides et des coupes céphalomorphes – rarement des statues[1] – dans un style très personnel (Pl. 30b). Les masques *minyaki*, perdus dans leur rêve et dont la grâce nous fascine, sont utilisés par les Bapendé pour la danse Mikanda (fête de l'initiation) et les jeux N'Buyas. Ces derniers sont de petites comédies qui font intervenir une quarantaine de masques différents, le souverain au milieu, avec sa barbe, les héros de la tribu, un esprit sur des échasses, ou un bouffon. Leurs représentations sont frénétiquement applaudies par un public transporté. Ces masques, chargés de divertir et d'amuser, ne doivent pourtant pas faire illusion : ils possèdent en fait un sens symbolique profond qui les rattache à la mort et à la résurrection des novices. C'est ce que prouve la coutume qu'ont les jeunes Bapendé de façonner de minuscules masques en ivoire qu'ils portent ensuite toute leur vie au cou ou au bras, pour marquer qu'ils ont subi le rite *kimpasi*, l'épreuve d'entrée dans

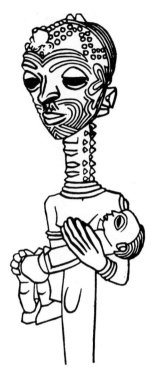

FIG. 114

FIG. 115

[1] Sousberghe

PL.43 – Tête de danse en bois des Kouyou. C'est le serpent mythique, *ébongo* qui a créé le premier homme, aussi danse-t-on en son honneur le *kébé-kébé* avec des sommets de coiffure hauts de deux mètres, des têtes en bois et de somptueux costumes de fibres ornés de touffes de plumes. Anc. Afrique-Équatoriale française. *Coll. Ratton, Paris (27 cm).*

PL. 44 – Masque abstrait des Batéké. Malgré son caractère géométrique, il donne une impression de vie grâce à son contour subtil, au jeu des couleurs et aux petits yeux rusés placés avec raffinement dans les grands ovales au double encadrement. Anc. Moyen-Congo français. *Musée de l'homme, Paris (35 cm).*

FIG. 117

FIG. 116

la communauté des adultes (Fig. 109). Cette tribu a créé là une chose unique, extrêmement belle et qui le devient plus encore au contact prolongé de la peau teintée au *tukula*. En ivoire, ces miniatures sont réservées aux initiés ; mais les reproduire en bois, en plomb et autres matières est permis à.tout le monde. On trouve des statuettes, des sifflets et des épingles à cheveux d'ivoire d'une exécution aussi raffinée. En outre, les Bapendé tressent des masques abstraits en forme de disque, avec de gros yeux tubulaires et des rayons de plume, qui ont pour mission d'écarter femmes et enfants des lieux de culte de la société secrète.

Les masques des Bapendé de l'est, entre Djouma et Loangué, sont complètement dépourvus de douceur et le lyrisme. La ligne typique des sourcils qui se rencontrent au-dessus du nez, les larges pommettes, le menton pointu, tendent à créer un faciès anguleux, cubiste, à quoi l'on ajoute encore parfois des cornes aux courbes violentes. Ces productions cons-

FIG. 110
CONGO
CENTRAL

tituent un type que les Bakété ont repris.

Les peuples de haute civilisation qui vivent au cœur du Congo ex-belge, entre Kasaï et Sankourou, présentent une importance toute particulière pour notre étude. En raison de leur ornementation somptueuse, variée, osée, ils occupent une place prépondérante dans l'art africain. Au reste, ils appartiennent à un empire dont les débuts remontent fort loin dans le temps et dont nous pouvons suivre l'évolution.

Bakouba

Par son histoire, l'empire bakouba constitue le pendant d'Ifé et du Bénin. Grâce aux recherches approfondies de Torday et Joice sur les lieux, aux relations de voyage de Wissmann (aux alentours de 1880), les anciennes traditions léguées par les chroniqueurs de cour ont pu être confirmées et vérifiées. Les Bakouba dénombrent, jusqu'à aujourd'hui, cent vingt-quatre rois d'ascendance divine dont la chronologie a été établie au moyen d'observations précises : par exemple, l'apparition d'une comète en 1863, ou l'éclipse de soleil de 1680 qui se produisit pendant le règne du 98e souverain. A partir de la tribu principale des Bambala, les rois gouvernaient une fédération de plus de dix-huit peuples ; la classe dirigeante se nommait Bashi-Bushongo, ce qui signifie «gens du fer de jet». Les Balouba les appelaient *Bakouba*, «gens de l'éclair» et c'est ce terme qui a fini par s'identifier avec l'ensemble du style commun au groupe.

A cet ancien empire appartenaient les Bambala, Bangongo, Bakélé, Bangendé, Bashobwa, Pianga et d'autres ; les Bashilélé s'en étaient séparés à une époque reculée. La richesse de la sculpture sur bois créée par les Bakouba profita à de vastes régions où elle apporta culture et floraison artistiques, et cela non seulement à l'intérieur de la fédération, mais aussi parmi les peuples limitrophes et voisins : Denguésé, Yaélima, Bankoutshou au nord, Babindi et Bakété au sud-est, Bashilélé et Bawongo à l'ouest.

On pense que cette classe de seigneurs envahit la région du Haut-Oubangui, pendant le premier millénaire de notre ère. La tradition rapporte qu'elle traversa quatre grands cours d'eau, que l'un de ses premiers rois avait la peau claire et que finalement elle parvint au bord du Sankourou vers le VIe siècle, sous le sixième roi, Minga-Bengala. Ces indications sont d'autant plus précieuses qu'elles laissent supposer une origine commune aux Bakouba et aux royaumes est et ouest-africains.

A ces rois légendaires on attribue d'ailleurs des hauts faits précis dans le domaine de la civilisation : au 27e, Mucu-Mushanga, la découverte du feu et des vêtements en écorce ; au 73e, Bo-Kéna, la découverte de certains masques, etc.

L'empire connut son apogée entre 1600 et 1620, sous le règne du 93e souverain, le très remarquable Shamba-Bolongongo, qui parvint à maintenir la paix et à favoriser le développement de la civilisation. A la fois conquérant et philosophe, ce sage prêchait au cœur de l'Afrique noire l'amour de la paix et le respect d'une haute morale. Aujourd'hui encore, il est admiré comme l'idéal de l'humanité la plus noble et le protecteur des arts, vénéré et aimé comme un héros divin. On sait qu'avant son accession au trône, il voyagea au loin, qu'il apprit à connaître la technique des velours végétaux chez les Bapendé, des broderies chez les Bakélé et qu'il introduisit dans ses Etats le manioc, l'huile de palme ainsi que le tabac. Or ce souverain, qui avait appelé les meilleurs sculpteurs sur bois à sa cour, fit faire son portrait, et cette décision fut à l'origine du développement d'un art très particulier dans ce domaine : l'idée de représenter le roi en effigie devint tradition et se maintint pendant fort longtemps (Pl. 50). Les dix-neuf statues royales que nous connaissons sont assises sur des piédestaux, les jambes croisées, tenant le couteau de bois et les insignes personnels qui symbolisent leur trait dominant : le roi Miélé, le 86e, qui fut un grand forgeron, célèbre pour ses figures en fer,

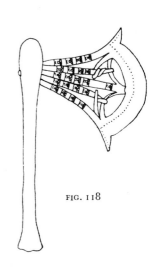

FIG. 118

PL.45 – Statue commémorative des Basoundi dans une position de repos, avec la calotte des hauts dignitaires et les tatouages du XIXᵉ siècle sur le visage. Ces effigies de morts importants, parfois un grand guérisseur ou une célèbre accoucheuse, sont placées dans les chapelles funéraires comme supports de la force qui se perpétue au service de la communauté. Les prêtres venaient autrefois leur rendre hommage, leur offrir des sacrifices et recevoir leurs conseils. Bas-Congo. *Musée Rietberg, Zürich. Coll. v. d. Heydt (51 cm)*.

PL.46 – Fétiche à miroir des Bakongo. Des nombreux accessoires sur lesquels repose le pouvoir magique du fétiche surgit un visage étonnamment expressif. La main levée devait tenir un couteau ou une lance. Le sorcier voit dans le miroir l'image du démon de la maladie ou du malfaiteur recherché; l'accusé doit lécher le morceau de verre pour affirmer son innocence. Bas-Congo. *Musée royal du Congo belge, Tervuren (48,5 cm)*.

FIG. 119

PL. 51

FIG. 120

FIG. 111

porte une enclume, Shamba-Bolongongo, un damier à jouer, etc. L'art raffiné des Bakouba s'exerce aussi dans le domaine des objets usuels : plats, boîtes, armes, pipes, tambours, cornes à boire, tissus aux fins dessins. Les productions de luxe destinées à la cour se distinguent par une exécution extrêmement soignée et des formes aux rythmes harmonieux, car c'est autour du souverain que se rassemblaient les meilleurs artistes, là aussi qu'ils avaient l'occasion d'acquérir prestige et renom. Un bon sculpteur sur bois avait le rang d'un haut dignitaire. L'art populaire, bien que plus grossier et plus anguleux, est imprégné par le même sens du style et trouve son expression la plus accomplie dans les masques.

Les récipients en bois sont des chefs-d'œuvre de l'artisanat. Impossible de rendre justice en quelques mots à cette richesse d'idées, à ce raffinement de la composition unissant figures et motifs géométriques ! Les solutions techniques elles-mêmes sont remarquables : sans esquisse préalable, les dessins les plus compliqués sont gravés ou sculptés et fondus en une entité rythmique. Toujours l'unité entre la forme et l'ornement est préservée : coupes en forme de tête, celle-ci étant un portrait, coupes avec plusieurs têtes, figures en pied dans toutes les poses imaginables avec des dos admirablement modelés. Certaines coupes portent les insignes du souverain ou du grade de la société secrète. Les membres de la société Yolo qui ont coupé la main d'un ennemi ont le droit d'en faire reproduire une sur une coupe pour commémorer l'événement. Le règne animal fournit aussi des motifs : scarabées (Pl. 51), antilopes, carapaces de tortue, écailles de reptiles, empreintes de pattes des sauriens ou des félins. Quant au cosmos, il apporte sa contribution avec le soleil et la lune.

Beauté des formes et fantaisie de l'inspiration caractérisent également les coupes et boîtes au décor géométrique, avec ou sans anses et pieds. De nombreux motifs dérivent du tressage. Nattes, macarons, tourbillons, spirales, cercles concentriques et losanges sont traités avec un élan et un rythme saisissants, cependant que leurs noms témoignent de leur importance mythologique. Les belles pièces anciennes sont en bois dur, avec des surfaces usées, des arêtes et des angles adoucis.

Denguésé, Bashilélé, Bawongo et Bapendé façonnent aussi des coupes remarquablement belles.

Les Bakouba conservaient dans des boîtes à couvercle les *bongotol*, petites tablettes aux formes décoratives exécutées en *tukula* par les femmes, données comme souvenir par les amis en cas de décès et enterrées avec le défunt. Qu'on ne l'oublie pas : le bois rouge a des pouvoirs magiques.

L'*itombwa* mérite une mention particulière. Il s'agit d'un petit banc étroit, orné de têtes humaines ou animales, que le devin utilise pour interroger

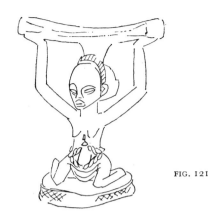

FIG. 121

FIG. 122

l'esprit et aussi pour émettre un diagnostic ou découvrir un voleur. L'officiant frotte le dos plat de l'objet avec une décoction magique et fait glisser le bouton tout en posant des questions ou en énumérant des noms. Si le bouton s'accroche et s'immobilise, la réponse est oui, ou le suspect dont le nom était prononcé à ce moment est le coupable.

Parmi la production de masques chez les Bakouba et leurs voisins, on peut distinguer trois types radicalement différents. Mais tous réservent des surprises, les variantes insolites en ce qui concerne le décor et la peinture étant nombreuses.

FIG. 123

1) Le type Bombo : grands masques heaumes en bois au front bombé, avec applications de feuilles ; des lignes verticales relient le nez large à la bouche triangulaire ; un autre triangle est dessiné au-dessus de la racine du nez ; des bandes tissées, ornées de perles et de cauris, passent au-dessus des yeux, ou vont du nez au menton. Les Bakouba les portent lors de l'initiation pour éloigner les non-initiés de la cérémonie secrète, et de plus lors de tous les rites de passage. Ils représentent vraisemblablement des pygmées dont les indigènes se souviennent comme de mystérieux esprits de la terre. Il est intéressant de noter que ces derniers ont en effet un front très bombé.

2) Le type Mashamboy ou Mokengé est façonné en rotin, recouvert de raphia et doté d'accessoires décoratifs cousus en cauris, perles, morceaux de fourrure. Seuls le nez et les oreilles sont en bois. Sur la tête, un haut cône décoré d'abord de cauris, puis de coquilles ou de plumes. Incarnation d'un démon de la maladie, il était autrefois porté par le chef pour contraindre les femmes à l'obéissance. Aujourd'hui, il est utilisé lors des danses qu'exécutent les divers corps de métier pour divertir le peuple sur les marchés.

PL.47 – Peinture avec oiseau en haut relief sur une tablette d'écorce. Ces motifs ésotériques servent à l'instruction des novices dans les cases réservées à l'initiation et à la circoncision. Sud-Ouest congolais. *Musée royal du Congo belge, Tervuren (110 cm).*

PL. 48 – Masques-heaumes en bois et raphia que portent Bayaka et Basoukou lors des fêtes marquant la sortie du *Nkanda*. Les nouveaux initiés, *tudansi*, qui ont dû s'exercer pendant un an, dans des enclos isolés, à diverses activités (chant, chasse, danse) exécutent des danses avec ces masques, une fois les épreuves subies, en qualité de membres adultes de la communauté, et ils ont, dans ce costume, le droit de s'approprier tout ce qu'ils peuvent prendre. L'artiste qui a créé l'œuvre la plus réussie est fêté et reçoit le titre honorifique de *kimvumbu*. Les motifs qui surmontent les masques représentent des animaux, ou des épisodes légendaires, ou un grade particulier. Le masque basoukou avec l'oiseau est le plus fin, le blanc spectral symbolise la mort et la résurrection du jeune garçon. Sud-Ouest congolais. *Le masque bayaka de droite (56 cm) se trouve dans la Coll. d'ethnologie, Zürich, celui des Basoukou, à gauche, au musée Rietberg, Zürich, coll. v. d. Heydt.*

3) Le type Shéné-Malula est peint de couleurs variées et richement orné (Pl. 52). Une variante a des yeux coniques entourés de creux circulaires. Nous trouvons également ce style, dans une interprétation très accentuée, chez les Bakété.

FIG. 112

Quelques rares figurines en fer forgé, coupes d'argile céphalomorphes et statuettes d'ivoire proviennent des Bakouba. Leurs tissus sont beaucoup plus célèbres et plus répandus, exécutés en filasse de raphia sur des métiers à main. Les uns sont unis, les autres à dessins ; les Bashobwa en exécutent de brodés ou rappelant le velours *(musésé)* en rouge, violet, jaune et noir ; certains enfin sont teints en réserve avec des caches.

PL. 51 ET 59

Des *Denguésé,* sur la Loukényé, au nord du Sankourou, nous connaissons de solennelles statues mortuaires. Les longs corps recouverts de scarifications décoratives, ont un membre viril développé et sont coupés net au niveau des fesses. Les épingles à cheveux des Bawoyo ont un caractère à part.

PL. 53

Au sud des Bakouba, sur les bords de la rivière Louloua, le petit peuple des *Béna-Louloua,* d'origine balouba, a su acquérir un style hautement personnel et expressif que l'amour du décor (Bakouba) pare d'une grâce lyrique.

FIG. 114

Caractères : cheveux tressés avec minutie ; tatouages par scarification sur la tête et le corps, cous entourés d'anneaux ; cercles concentriques marquant les articulations, nombrils proéminents en tant que centres mystiques de la vie. Attributs : barbe, peau de léopard, sceptre (insigne de dignité), lance et bouclier ; la mère porte un enfant, soulève un plat ou se tient avec un pilon devant le mortier à manioc. Les proportions étranges produisent un effet puissant. Paupières lourdes, à demi closes, nez fins, bouches accentuées donnent à l'ensemble du visage une expression extraordinaire et une grâce exquise.

L'origine de cette statuaire semble remonter fort loin, car Wissmann n'avait déjà plus observé de tatouages chez les Béna-Louloua vers 1880. Beaucoup des figures s'effilent en pointe, ce qui permet de les planter dans la maison ou les champs pour les protéger. Elles gardent les biens du possesseur pendant son absence, préservent de la maladie et des dangers de la chasse. Une variante est représentée par des figures accroupies : les mains touchent les joues, les coudes reposent sur les genoux, les vertè-

FIG. 125

FIG. 124

bres et les côtes sont en saillie. La tête, qui est creuse, sert à filer le chanvre FIG. 115
ou le tabac. Malgré son audace, la plastique conserve un équilibre par-
fait. Dans leurs masques au nez pointu et aux orbites profondes les Béna- FIG. 116
Louloua font montre d'un raffinement semblable.

Les Basalampasou, dans le sud profond du Kasaï, portent des masques
lisses, au caractère fortement abstrait qui rappellent ceux des Bakota et *Basalampasou*
des Bambara ; par contre, d'autres, qui ont des nez et des joues en bulbe,
constituent un trait d'union avec l'art des Barotsé de la Rhodésie.

Les Basongué, qui vivent dans la province de Lousambo, entre Loualaba SUD-EST
et Sankourou, sont un rameau des Balouba et tirent leur origine du nord- CONGOLAIS
est. Bien qu'ils aient pris part à la fondation du premier empire balouba *Basongué*
au XVe siècle, sous le roi Kongolo, ils occupent une place à part dans la
civilisation et l'art. Organisés selon le régime du patriarcat, ils donnent
la préférence au style abstrait.

Caractères : formes anguleuses et puissantes ; nez en losange ; bouches ouvertes, proéminentes, souvent dessinées en huit couché ; longs mentons
équarris ; yeux ouverts souvent remplacés par des cauris et des clous de
métal ; cous à bourrelets ; épaules plates et droites ; mains au corps, celui-
ci étant souvent plein de substances magiques, ou doté d'un nombril
saillant ; hanches plates en biais ; pieds grands et plats. Il arrive aussi

que la tête soit inclinée sur le côté, le visage garni
de bandes en métal. Beaucoup de figures sont
masculines et portent une barbe. Il s'agit le plus
souvent de fétiches destinés aux guérisons et aux
rites de la sorcellerie, mais qui, malgré les nombreux attributs conçus en vue d'exercer un pouvoir magique, laissent paraître une volonté claire
de formes stéréotypées. D'après la légende, ils
doivent donner au sorcier le pouvoir d'envoûter FIG. 117
les léopards et les rendre capables de trouver le
coupable.

La sous-tribu basongué des Béna-Mpassa a créé PL. 54
les puissants masques hachurés de rainures *kalébué*. Les Batempa, qui leur sont apparentés,
dotent d'yeux exorbités et de bouches stylisées
leurs masques à la Mithra qui sortent pour mettre
fin aux pluies. Dans cet ordre d'idées, les belles
haches d'apparat en fer forgé des Basongué sont FIG. 118
un exemple à citer. La lame est ornée de têtes, le
manche d'applications de cuivre en feuilles.

FIG. 126

PL. 49 – Figure hermaphrodite des Basoukou du Kouango. Les épaules très hautes et l'insertion des bras au milieu du dos sont typiques. Les cornes à «médecines», pendues, indiquent qu'il s'agit d'un fétiche guérisseur. Sud-Ouest congolais. *Musée royal du Congo belge, Tervuren (58 cm).*

PL. 50 – Effigie commémorative de Kata-Mbula, 109ᵉ roi des Bakouba, qui régna de 1800 à 1810. Il porte le signe de la paix, le couteau par lequel Shamba Bolongongo avait remplacé l'arme de guerre, de même que le tambour royal avec son dessin préféré et la tiare ornée de cauris, symbole de la royauté. Cette statue, au style résolument réaliste, sculptée dans du bois lourd et poli, respire la dignité, la force et l'énergie. C'est un portrait, mais idéalisé. Congo central. *Musée royal du Congo belge, Tervuren (51 cm).*

Les masques des Batétéla (nord-ouest du Lousambo) peuvent être classés parmi les variantes du style basongé en raison de leurs tendances cubiques et de leur ornementation linéaire. Les *Béna-Kanyoka*, tribu balouba de la région de Kanda-Kanda, ont également créé un style qui leur est propre. Leurs figures finement différenciées aux membres minces représentent des humains dans des poses insolites, asymétriques : par exemple le prisonnier entravé de la figure 119, ou des femmes avec des pilons, des plats, un enfant sur le bras. Malgré l'attitude mouvementée, l'équilibre est préservé grâce à la légère inclinaison du corps et les pieds démesurés. *Caractères :* coiffures réticulées aux nombreux nœuds, tombant dans le cou ; fronts bombés, paupières lourdes, bouche ouverte avec dents et langue ; corps minces. Les étranges masques des Béna-Kanyoka sont à part, audacieusement modelés, avec fronts saillants en boule et bouches grimaçantes.

Batshokwé Lounda   Un million de Batshokwé se sont répandus dans le sud du Congo et le nord de l'Angola. Ce sont des chasseurs et des agriculteurs ardents, courageux, qui s'adonnaient autrefois au trafic des esclaves et avaient même réussi, au XIXᵉ siècle, à vaincre l'empire balounda auparavant si puissant. Ce dynamisme se reflète dans leur art où l'on trouve, à côté d'un style populaire assez raide et plat, des œuvres anciennes raffinées, exécutées pour la cour par des artistes professionnels et qui produisent une impression profonde.

 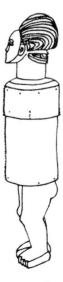 

FIG. 129   FIG. 128   FIG. 127

FIG. 130

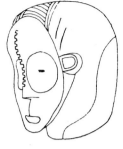

FIG. 131

Caractères: force monumentale; chevelures à l'ordonnance puissante; poses recueillies; traits énergiques, bouches larges, orbites profondes, yeux en grains de café; mentons larges souvent barbus; mains expressives avec ongles; colonne vertébrale cannelée; côtes et clavicules au modelé naturel; surfaces extrêmement polies, souvent recouvertes de vrais cheveux: réalisme essentiellement vivant et expressif.

FIG. 120

Les figures qui soutiennent les tabourets sont assises, les coudes sur les genoux, les mains sur les tempes; beaucoup de personnages ont des poses asymétriques, ou sont en train d'accomplir une action. Les Batshokwé conservent dans la case les statuettes en souvenir des morts et leur offrent des sacrifices de manioc et de viande en cas de maladie. Elles aident les femmes enceintes et mettent sur la piste lors d'un vol.

L'apparition de chaises munies de hauts dossiers à l'européenne ne doit pas nous surprendre, car l'empire balounda entretenait des relations très suivies avec celui du Congo au XVIIe siècle. Ces sièges, aux groupes de figures complexes, sont monoxyles et tirent leur ornementation de l'héritage spirituel du Noir: pratiques cultuelles (par exemple, scènes érotiques et de médecine magique avec tambours), certaines légendes, voire même des anecdotes assez inattendues comme un voyageur porté dans un hamac, ou un Européen qui fume et boit dans un fauteuil. On peut y ajouter d'innombrables motifs d'animaux et un riche décor de bandes nattées, lignes ondulées et cercles concentriques. Cet amour de la décoration s'étend aux plus petits objets usuels.

L'emploi des masques est aujourd'hui encore très en honneur. De grandes images abstraites en écorce tressée, peintes en rouge et noir et habillées de costumes en filet incarnent les démons et les esprits des morts sur des échasses, châtient les malfaiteurs, libèrent les possédés et participent à l'initiation. Pour les jeux profanes, les masques de bois suffisent.

PL. 55

Les Kalouéna voisins exécutent entre autres des urnes céphalomorphes et les Ovimboundou, dans l'ouest de l'Angola (Benguéla), ont un style

PL. 51 – Travaux en bois sculpté des Bakouba. Dans la coupe en forme de tête, on buvait autrefois le vin de palme aux cérémonies, bien que Hall l'ait fait servir à l'ordalie par le poison! Les proportions, qui paraissent arbitraires, s'expliquent par la signification magique de la tête humaine. *Coll. d'ethnologie, Zürich (29 cm).*

La boîte de gauche sert à conserver la poudre de *tukula* et porte sur son couvercle le scarabée qui a créé tous les animaux; le décor, inspiré du tressage, est appelé «ventre de Woto», quatrième roi légendaire et héros de la civilisation bakouba. *Musée Rietberg, Zürich. Coll. v. d. Heydt (25 cm).*

Le décor du plat sur pied ajouré représente des écailles de crocodile sur la paroi latérale et, sur le couvercle, à côté du motif woto, le *brachycerus*, appelé «tête de dieu». *Musée Rietberg, Zürich. Coll. v. d. Heydt (28 cm de large)*. «Velours» végétal *musésé* des Bashobwa (sous-tribu bakouba).

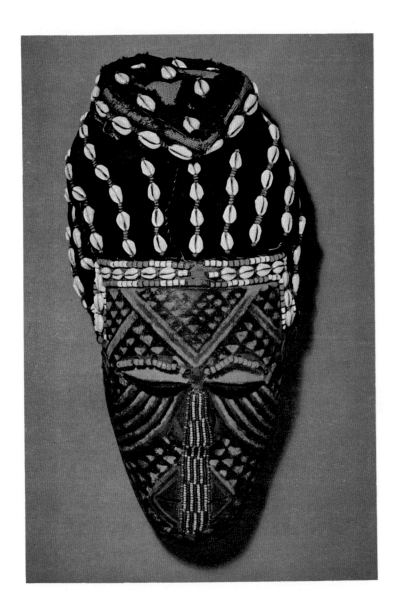

PL. 52 – Le masque *shéné-malula* révèle, par ses riches peintures, ses ornements de perles et de cauris, le sens décoratif des Bakouba. Il aurait été introduit par un de leurs rois afin de doter sa police secrète (la société Babendé) d'une puissance plus grande. Les jeunes gens qui voulaient en faire partie devaient d'abord prouver leur courage lors des apparitions nocturnes de l'esprit du masque et au cours d'épreuves pénibles. Congo central. *Musée Rietberg, Zürich, Coll. v. d. Heydt (23 cm).*

plastique apparenté à celui des Batshokwé, mais notablement plus raffiné, avec des figures de préférence féminines.

La vaste région balouba, qui occupe tout le sud-est du Congo jusqu'aux lacs Tanganyika et Moéro, constitue bien une unité au point de vue de la langue et de la civilisation, mais non pas de la race. Les tribus autochtones parlant le *kiluba* ont été, en effet, submergées par deux peuples différents venus du nord-est. Un empire puissant et redouté était né de leur sens de l'Etat. Les envahisseurs du XVe siècle étaient sous l'autorité du féroce roi basongué, Kongolo; les Balouba qui vainquirent ce dernier en 1858 avaient un régime matriarcal. L'histoire rapporte maintes guerres victorieuses, maints accroissements de puissance, mais aussi bien des dissensions intérieures et des querelles dynastiques; aussi, à la fin du XIXe siècle, l'empire succomba-t-il aux attaques des Batshokwé et des Bayéké. De nombreuses coutumes de cette royauté de caractère sacré révèlent l'existence de rapports avec les Etats wahima et le Monomotapa de la Rhodésie du Sud. Ce sont aussi des Balouba, qui fondèrent les empires balounda et bakouba, imposant leur conception de l'Etat jusqu'à la Rhodésie du Nord.

L'art grandiose des Balouba est assurément le résultat d'un concours heureux de races et d'éléments culturels différents, influencé par les raffinements d'une cour hautement cultivée. Il fait partie de ce que le continent noir a de plus beau à nous offrir. Pas la moindre trace de formes grotesques ou grossières, de visions angoissantes. Les meilleures pièces sont doucement harmonieuses, organiquement senties, avec un modelé PL. 56 arrondi et subtil; les formes naturelles simplifiées ont une unité qui appartient au très grand art.

Caractères: coiffures compliquées, souvent en croix ou en cascade; une bande à rainures séparant la chevelure du front; yeux en grains de café; petites «oreilles de chat» simplifiées; corps avec scarifications en relief et plis perpendiculaires sur le membre viril; surfaces minutieusement travaillées et polies.

Les statues féminines représentent surtout la déesse mère, les masculines, les héros de la tribu. La figure est le symbole de la communauté tribale et on lui demande dans toutes les situations son aide et sa protection en tant qu'être doté de force. L'artiste doit rendre avec la plus grande exactitude les coiffures compliquées et les dessins des scarifications, car ce sont les marques qui distinguent la haute aristocratie, où, d'ailleurs, il occupe lui-même une situation en vue. Chaque chef dispose d'un siège qui lui est personnel, supporté par des statues-colonnes, un sceptre et des haches sculptées. Les murs des cases de la noblesse sont peints en rouge, noir et blanc, les poteaux sculptés. A l'intérieur, des lits aux bois à reliefs, d'innombrables appuie-tête, narguilés, plats à couvercle, râteliers à trois crans, fétiches et objets usuels, façonnés avec le même amour et combinés à l'image de la déesse mère. L'appuie-nuque de la figure 121 montre avec quelle sûreté la figure féminine si artistement modelée est utilisée comme élément fonctionnel. PL. 57

Les *kabila*, ces statuettes de femmes tenant un plat, dites «mendiantes», sont extrêmement répandues en pays balouba[1]. Dans quelques tribus, FIG. 122 le sorcier les utilise pour guérir les malades : par l'intermédiaire de la couleur blanche – symbolique – du plat, il se place avec le patient sous la puissance de l'esprit. D'autres «mendiantes» sont enterrées sous le seuil de la case où ont lieu les accouchements. Dans la région de la Lomami, la femme enceinte place le plat, quelques jours avant la délivrance, devant sa case et toutes les personnes qui passent y déposent un présent, de manière que la future mère ne manque de rien pendant la période où elle ne peut travailler. Elle estime que c'est le sentiment de la solidarité reposant sur l'assistance mutuelle qui s'exprime par cet usage, mais qu'il a également pour but de mobiliser la puissance de la déesse mère.

Par rapport aux figures, les masques jouent un rôle de second plan. Pourtant, un artiste balouba est parvenu à la magistrale réussite de la planche 58 qui unit en elle toutes les qualités propres au style de cette race. Les Balouba du nord-ouest taillent un masque *kifwébé* qui, de même que le *kalébué* des Basongué, est entièrement recouvert de rainures remplies de blanc, mais dont la forme, par contre, est hémisphérique. La société secrète Kifwébé l'utilisait pour le culte des âmes défuntes, la nomination d'un grand chef et la visite d'un homme éminent.

FIG. 132

Accordons encore un instant à l'étude des sous-groupes les plus importants de l'art balouba.

Le centre du style classique est l'*Ouroua*, entre le lac Moéro et les petits lacs. C'est là que vivent les Balouba-Hemba si doués, dont la réputation de sculpteurs sur bois s'étend fort loin. Leurs productions sont dominées PL. 56 par une inspiration lyrique particulièrement délicate : le style naturaliste aux articulations potelées, au menton court, aux lignes fluides, est porté là à son point de perfection.

Les Bahemba façonnent, pour représenter leurs ancêtres, des figurines, en ivoire d'éléphant et d'hippopotame, qu'ils portent comme amulettes sous les aisselles ou au bras (Fig. 123). Souvent enduites d'huile, usées par le frottement, elles acquièrent une superbe patine. Les minuscules

---

[1] Maes, Soziolog. Bedeutung

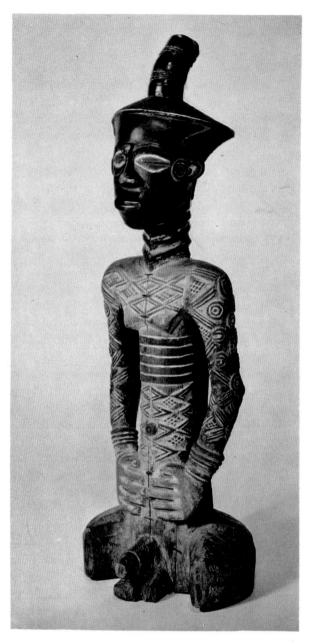

PL. 53 – Statue commémorative d'un chef dengué sé, frappante par sa raideur solennelle et sa tête expressive. Le corps étiré en longueur porte des tatouages décoratifs, souvent chargés de sens pour les indigènes. Congo central. *Coll. d'ethnologie, Zürich (68 cm)*.

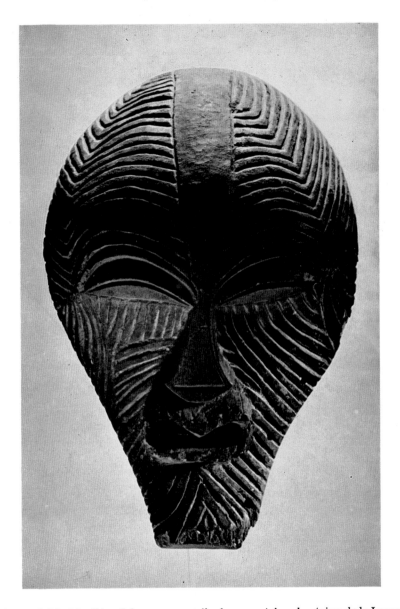

PL. 54 – Masque *kalébué* des Béna-Mpassa, sous-tribu basongué dans la région de la Lomami. Le jeu raffiné des parties lisses et des parties nervurées est typique. Ces hachures remplies de blanc, qui soulignent l'abstraction poussée des formes, créent une tension très particulière. Les yeux lisses semblent diriger le regard vers l'intérieur. Frobenius (1848) nous a donné quelques indications sur la façon dont agissaient ces masques : le sorcier coupait un esclave en deux parties, plaçait le masque entre elles et le jetait dans le feu pour qu'il fût imprégné par la puissance de l'esprit. Par la suite, le prêtre le portait dans les cas graves : quand le village était en proie à une épidémie, avant une expédition militaire, à la mort d'un roi. Congo ex-belge. *Musée Rietberg, Zürich. Coll. v. d. Heydt (35 cm).*

FIG. 133

statuettes dont le mouvement suit la courbure naturelle de la dent sont le plus souvent dotées de frisures en croix et d'un bandeau disposé en travers.

Les Balouba-Shankadi du Katanga, à l'ouest des petits lacs et des Bahemba, méritent d'être cités pour leurs figures extrêmement gracieuses aux cheveux coiffés en cascades mouvementées. Deux de celles-ci, porteuses d'appuie-tête ou de tabouret, composent par leurs attitudes au rythme complémentaire une composition accomplie dans l'espace. Le pilon de la planche 56 et de la figure 124 est un exemple du style sud-balouba.

Chez les Balouba du nord-ouest les influences basongées se trahissent par des formes un peu plus dures.

PL. 59

Le style dit «des longs visages», qui est propre aux Balouba du nord installés en partie au Katanga, en partie à Manyéma, a une importance particulière. Comme son nom l'indique, les visages de cette statuaire sont moins ronds ; en outre les nez sont plus longs, les sourcils fortement arqués, les corps trahissent une tendance au cubisme qui devient de plus en plus marquée à mesure que l'on s'avance vers le nord et l'est. Les œuvres qui ont valu à ce groupe une place d'honneur dans l'art africain sont au nombre de douze et proviennent de Bouli : figures isolées, sièges à cariatides avec une ou plusieurs figures, mendiantes portant des plats,

PL. 60

toutes exaltées par une force créatrice de la plus haute qualité.

On peut compter au nombre des Balouba de l'est les *Wabembé* (extrémité nord du lac Tanganyika) Bangoubangou, (Manyéma), Babouyé, Wagouha, Batabwa, Babemba (Rhodésie du Nord) et Baushi (lac Bangouéolo). L'art balouba classique, avec la richesse de sa statuaire (bois), se retrouve encore dans ces régions, mais la tendance au cubisme des pays limitrophes, au nord et à l'est, est si profondément conforme au génie nègre que les deux styles se mêlent et produisent des formes intermédiaires fort intéressantes. Ce phénomène apparaît de façon particulièrement

FIG. 125

nette dans certaines productions wabembé.

Caractères: grands yeux ovales en grains de café avec fente horizontale ; fronts et visages inscrits dans des angles plats ; nez longs et droits ; bouches anguleuses avec dents, mentons à peine indiqués, barbes entourant les visages qui ont une expression fixe, avec leurs grands yeux schématisés, faisant presque songer à des insectes ; corps à facettes étirés ; épaules plates et horizontales projetées en avant ; membres aux lignes en zigzag. Quelques masques sont des images complètement abstraites, où seuls les yeux ont quelque vie.

Au nord du 3e degré de latitude sud, s'étend une immense région de

forêts et de rivières d'où émergent, semblables à de petites îles, quelques
centres d'art : Waléga et Bambolé à l'est ; Azandé, Mangbétou et Ababoua au nord-est ; tribus des rivières Bouaka et Mongala au nord-ouest,
tribus Koundou-Mongo à l'intérieur de la boucle du Congo, dans l'ouest.
Une fois encore nous sommes sortis de la zone d'influence du matriarcat pour pénétrer dans une région où domine une stylisation rigoureuse.
La tribu *Waléga* (régime patriarcal), de la forêt équatoriale dans l'est du
Congo, prouve par maints exemples que l'abstraction peut mener à une
densité artistique indiscutable. Autrefois hardis chasseurs d'éléphants,
ces indigènes façonnaient dans l'ivoire dur figures et masques, insignes
de rang pour les membres de la secte Mwami[1]. A leurs yeux ils symbolisent la force et la dignité, la perpétuité et la force vitale. Un masque
d'ivoire tout simple, ovale, dont le visage concave est animé par une extrême tension, est réservé aux plus hauts dignitaires de la société. Viennent
ensuite, par ordre de grade, des masques en bois de même style. D'autres
encore, tout petits, modelés avec une particulière sensibilité, servent de
signe de ralliement et pour les messagers ; les figures sont l'emblème du
grade *kindi*, ou incarnent des forces diverses. Il arrive souvent aussi qu'elles
symbolisent un événement précis, ou qu'elles soient portées au cou
par un enfant dont le jumeau est mort. Pendant les jours de travail habituels, tous ces objets sont conservés dans une corbeille. Mais pour les
fêtes, les chants et les danses de la communauté, ils sont peints en blanc
et étalés sur le sol, les masques, soit suspendus à un chevalet devant le
lieu du culte, soit attachés au bras, au front, aux tempes ou sous le menton.
A la mort d'un membre de la secte, son masque passe à un parent qui
succède également au grade dans la hiérarchie. Il le portera lors de l'initiation pendant laquelle il chantera des exhortations, récitera des règles
de vie et puisera de la bière de banane au moyen d'une cuillère d'ivoire
superbement décorée. Pour les sculptures sur bois, le motif le plus volontiers employé est le point-cercle qui représente la jeunesse et la force. Les
figures sont rudes avec des arêtes vives, animées d'un rythme volontaire,
les bras et les jambes souvent rudimentaires, indiqués par des entailles
ou tout simplement omis, les bouches esquissées, les yeux marqués par
des cauris incrustés, ou taillés en forme de cauris ou rendus par des points-
cercles. Certains masques sont entourés de franges de barbe ou surmontés
de cornes. Le geste des bras levés au-dessus du corps grêle est l'expression
éloquente d'une supplication adressée aux forces célestes.
La tribu peu connue des Bambolé, sur la Lomami, au sud-ouest de Stan-

[1] Biebuyck

FIG. 134

FIG. 126

Bambolé

PL. 55 – Masque en bois des Batshokwé pour les jeux profanes, les satires populaires et les divertisse-
ments. On trouve les types les plus différents : sorcier, chasseur, ancien plein de dignité ; clown, bien
sûr, et séduisante jeune fille (celle que représente notre masque). Cette représentation a quelque
chose de figé que la très riche parure ne peut faire oublier, mais les mouvements du danseur lui
donnent un attrait nouveau. Congo méditorial. *Musée royal du Congo belge, Tervuren.*

PL. 56 – La hache, insigne de la dignité du chef chez les Balouba-Hemba, et le pilon des Balouba du sud (Fig. 123) témoignent de la sensibilité raffinée et du sens des proportions de leur créateur. Les compositions sont pleines d'harmonie et d'équilibre ; les yeux aux paupières lourdes expriment une grande retenue ; la pure sérénité qui émane d'elles nous touche et nous fascine. Sud-Est congolais. *Musée Rietberg, Zürich. Coll. v. d. Heydt (36,5 et 24 cm)*

leyville, fabrique des nattes de raphia aux fins dessins. Ses sculptures au style très abstrait ont de grosses têtes et leurs visages concaves peints en blanc font songer aux productions de la plastique waléga et pangwé.

FIG. 127
La ligne des bras tombants qui dessine un arc unique en forme de fer à cheval est surprenante.

Ce sont les cours royales qui ont donné l'impulsion dont est née la production artistique des tribus *Azandé* et *Mangbétou* (régions de l'Ouélé et du Mbomou), d'ailleurs apparentées pour le style. Des castes dirigeantes de culture néo-soudanaise venues, une fois encore, du nord, ont dominé les Bantou autochtones et ont érigé deux empires au XIXe siècle. En 1870, le célèbre sultan mangbétou Munza reçut l'explorateur Schweinfurth dans la vaste salle de son palais, large de 50 mètres. Pendant un certain temps, les souverains Avoungoura des Azandé ont également régné sur les Mangbétou.

FIG. 135
Leurs objets usuels frappent par la noblesse et l'harmonie de leurs formes souvent combinées à des figures et des têtes, surtout quand il s'agit de mettre l'accent sur le prestige de la classe dirigeante. Exemples : les boîtes

FIG. 128
d'écorce anthropomorphes servant à conserver le miel et d'autres choses,

PL. 61
ou des instruments de musique et des tambours zoomorphes. La carac-

FIG. 129
téristique de la plastique mangbétou est la tête étroite et allongée. Les jarres à eau et à vin de palme sont inscrites dans de superbes courbes aux rythmes équilibrés ; les élégantes faucilles sont exécutées en ivoire. Les pagnes en écorce des hommes, les *milumba*, et les *malembélembé* des femmes, tablettes ovales en raphia tressé aux dessins variés portées sur les fesses, témoignent d'une débordante fantaisie.

Ababoua
Les Ababoua, tribu bantou entre Ouélé et Arouhouimi qui se trouva un moment placée sous la domination mangbétou, ont des masques

FIG. 130
célèbres dont le rythme des plans est accentué par des peintures en noir et blanc.

GROUPE NORD-OUEST
Parmi les habitants des régions arrosées et marécageuses dans la boucle extérieure du Congo, les Bwaka (Ngbaka) et, dans le bassin de la Mon-

(Congo, Oubangui)
gala, les Ngbandi, Mbanza et Ngombé retiennent l'attention par un style qui leur est propre.

Caractères: dans l'ensemble, têtes rondes ; chez les Ngbandi et les Ngombé, qui pratiquent l'élongation du crâne, elles se terminent souvent en pointe au sommet. Tatouages pointillés sur le front et le nez, parfois aussi autour des orbites creuses et de la bouche ; corps dodus, bras rudimentaires.

FIG. 131
Dans la partie ouest de la boucle intérieure du Congo, les peuples Mongo-Koundou travaillent le bois et l'argile. C'est à ce groupe qu'appartiennent les Denguésé et les Yaélima que nous avons mentionnés en relation

avec les Bakouba, ainsi que les Wangata, célèbres pour leurs cercueils PAGE 169
avec figures de style «poteau», et le groupe des Balolo dont les masques FIG. 132
étonnent par leurs tendances cubistes.

Depuis les peuples du Congo septentrional jusqu'aux Pangwé, on peut
relever de nombreux points de ressemblance, provenant de l'origine
commune des envahisseurs. La très large diffusion de la harpe arquée
et du tambour zoomorphe vient confirmer cette remarque. Les tam- FIG. 133
bours élégants fabriqués par les Yanguéré trouvent leur réplique chez les
peuples de l'Ouélé.

Habitat: la vieille demeure ouest-africaine avec toit à faîte – parfois aussi
en carapace de tortue – subit la concurrence de plus en plus forte de la
case soudanaise à toit conique.

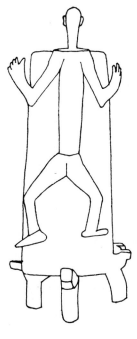

FIG. 137   FIG. 136

PL. 57 – Cet appuie-tête balouba en ivoire est d'une particulière somptuosité. Il devait appartenir à une princesse de haut rang qui dormait sur lui pour ne pas déranger la pompeuse ordonnance de sa coiffure. Sud-Est congolais. *Coll. Charles Ratton, Paris (18 cm).*

VII. AFRIQUE ORIENTALE

1) *Sud-est du Soudan*. – Dans la partie nord de l'Afrique orientale, les premiers pays noirs que nous rencontrons sont peuplés par des *Nilotiques* grands et minces de la haute vallée du Nil (Schillouk, Nouer, Acholi, Lango, etc.), race d'origine éthiopienne mais fort mêlée, à la peau foncée. Au sud, se trouvent les savanes humides où se sont fixés les *Bantou du nord-est*, paléonigritiques (Bongo, Bari, Madi, Nouba, etc.).

2) *La région entre les lacs*, hautes terres fertiles entre le lac Victoria et le chapelet des petits lacs, englobe l'Ouganda et le Rouanda-Ouroundi. Elle est caractérisée par des royautés sociales, les *États wahimas* (Wahouma, Watoussi chamitiques, etc., dominent les Bantou : Bahéra, Bahoutou, Baganda, etc.).

3) Dans les steppes humides du *Kenya et du Tanganyika*, à l'ouest des lacs Victoria et Tanganyika, nous trouvons les *Bantou de l'est* qui ont, jusqu'à un certain point, adopté des coutumes chamitiques. (Wanyamwézi, Kindiga, à l'ouest ; Akikouyou, Wachagga, Washambala, Wasaramo, Wagiryama, etc., à l'est). Les zones sèches sont parcourues par les Masaï guerriers qui y font pâturer leurs troupeaux. Ils sont de race éthiopienne.

4) Dans les montagnes du sud et de l'ouest de l'*Éthiopie*, des races noires vivent sous la domination des classes dirigeantes chamitiques et sémitiques et à côté d'elles ; par exemple les Konso, Gato etc. (La civilisation éthiopienne proprement dite sera étudiée dans le volume consacré à l'Égypte.)

5) *Le littoral* est-africain central est composé de plateaux aux douces ondulations, où une civilisation néo-orientale a formé un groupe de caractère propre. Là, la population paléonigritique a été longuement exposée aux influences raciales et culturelles des Arabes, des Perses, des Indiens et des Indonésiens. Les *Wasouahéli* s'appellent Chirazi, car, au premier millénaire de notre ère, la noblesse wasouahéli, venue de la Chiraz perse, a pris pied sur le littoral oriental du continent africain. Du Xe au XVIe siècle, Kiloua fut la florissante métropole commerciale des Perses immigrés et contrôla le trafic de l'or jusqu'au Monomotapa, en Rhodésie du Sud.

6) Enfin, au *sud*, entre le littoral et le lac Nyassa, partie dans le Tanganyika, partie en Mozambique, une zone de régime matriarcal, avec la tribu des Makondé, s'enfonce comme un coin dans les régions de patriarcat.

FIG. 138   FIG. 139

Toutefois, celui qui mettrait de grands espoirs dans l'art des pays aux sources du Nil, les plus proches des influences égyptiennes et napatas, s'exposerait à une cuisante déception. Nous rencontrons bien un artisanat aux productions plaisantes, mais la plastique se sclérose dans un style fade et pauvre qui dépasse rarement le niveau de l'art primaire. Certes, la civilisation pastorale chamitique n'est guère compatible avec l'art objectif, mais cela ne suffit pas à expliquer l'indigence de cette plastique. Tout comme dans l'Ouest, des agriculteurs bantou sédentaires vivent là soumis à une classe dirigeante chamitique et ont préservé le culte des ancêtres. De plus, en Égypte et en Éthiopie, la conjonction des chamites et des sémites a donné naissance à des civilisations raffinées. Il est vrai que la structure sociale découlant du patriarcat paléonigritique ne crée pas un climat très favorable à l'art, mais enfin tout l'ouest du Soudan était soumis au même régime et il est devenu l'un des centres artistiques les plus grandioses du continent. L'énigme n'a pas encore été résolue. Nous n'en allons pas moins passer sommairement en revue les régions est-africaines au point de vue des styles.

SUD-EST
DU SOUDAN
Habitat : huttes cylindriques à toit conique, beaux greniers à céréales sur pilotis dans le groupe Madi, peintures et reliefs muraux chez les Acholi, Lango, Nouba, etc. Les Bouroun peignent des images d'animaux naturalistes semblables aux peintures pariétales préhistoriques sur les éphémères parois de pisé.

FIG. 134
Plastique : figures d'ancêtres et fétiches de style primaire, non différenciés, anguleux et gauches. Les Bongo, Bari, Lango, Acholi, Shir, etc., et jusqu'aux Sara les placent sur les tombes, dehors ou dans des cases, leur offrent des libations pour qu'ils les protègent de la castration, par exemple, ou rendent leurs femmes fécondes. Les Schillouk fabriquent des masques très simples au moyen de calebasses sur lesquelles ils collent des arêtes de poisson et de la bouse de vache.

Objets usuels: appuie-tête des Schillouk rappelant l'ancienne Égypte. Chez ces derniers, les Tourkana et les Karamojo, les hommes portent de riches ornements dans les cheveux coiffés en édifices fort compliqués. Les potiers nouba jouissent d'un renom particulier.

Habitat: cases en obus avec entrée soulignée ; parmi les monuments érigés par les souverains, la tombe du despote Mutesa, avec son toit en auvent aux courbes splendides (Ouganda), tient la première place.

Objets usuels: l'art de la vannerie est de loin le plus développé. Les femmes watoussi tressent si finement leurs corbeilles à couvercle conique (procédé de l'enroulement) que celles-ci peuvent contenir du lait. Les dessins noirs aux rythmes amples ont des noms particuliers, par exemple, «grande queue d'oiseau» pour celui de la figure 135. Des bourrelets ronds pour placer sous les poteries et des tablettes sont également tressés et décorés avec une extrême finesse. Les Baroundi tressent des «pailles» pour boire la bière, ainsi que des couvercles de calebasse en forme de longs cônes hérissés de pointes. Les récipients et ustensiles de bois sont ornés de motifs pyrogravés ou entaillés, et les boucliers sont peints. A Louzira (Ouganda), on a exhumé des têtes préhistoriques. Les Watoussi et d'autres se font des coiffures très compliquées avec raies et houppes ; les Baganda portent des manteaux d'écorce aux dessins obtenus en étendant de la boue sur le tissu protégé par endroits au moyen de caches et se les nouent sur une épaule à la manière d'une toge.

Habitat: hutte à toit conique et *tembé* (maison en cube).

Peinture: grâce aux travaux de Cory, nous connaissons maintenant les cases où les Wasoukouma (sous-tribu des Wanyamwézi, au sud du lac Victoria) pratiquent l'initiation : elles servent à la société secrète des conjurateurs du serpent et leurs murs sont ornés de peintures didactiques, symboliques en ocre, noir et blanc.

Plastique du «poteau»: on la retrouve chez les Wakéréwé, Akikouyou, Wasaramo, Wadoé, Wabondéi, Wagiryama et Wanyika sous forme de figures d'ancêtres ; dans les monuments funéraires des Konso, Gato, etc., du Sud-Ouest éthiopien, à côté de vestiges préhistoriques en pierre ; dans les figures lourdes et gauches des Washamba, dispensatrices de force pendant les maladies graves ; chez les Wanyamwézi, qui placent des figures d'ancêtres sur des cannes rituelles et des personnages efflanqués à tête minuscule derrière les trônes. Partout un art plastique primitif s'exprime dans les terres cuites, par exemple les groupes de figurines très vivants des Wasoukouma.

FIG. 136

FIG. 137

Objets usuels: bâtons à encoches pour l'initiation, animaux en fer de l'empire karagwé, nombreux ornements en fil métallique. Les Masaï fabri-

PL. 58 – Ce grand masque, fort célèbre, des Balouba du nord-ouest, avec ses superbes cornes recourbées est parvenu dès 1889 en Belgique. Un petit oiseau est fixé sur l'occiput. Par l'eurythmie de ses formes et sa noble harmonie, il pouvait bien susciter le recueillement chez un croyant. Sud-Est congolais. *Musée royal du Congo belge, Tervuren (65 cm)*.

PL. 59 – Statue d'un père du clan dans le style dit des «longs visages» (Balouba du nord). La tendance au cubisme renforce la sérénité digne de cette noble figure *(75 cm)*.
Le tissu de raphia provient des Bahouana, dans le Congo central. L'effet velouté est obtenu en incorporant durant le tissage de grosses touffes de fibres dont on rase ensuite les bouts qui dépassent; après quoi, le tissu est teint au *tukula*. De tels *musésé* sont parvenus en Europe dès le XVIe siècle. Congo ex-belge. *Coll. d'ethnologie, Zürich (50 × 136 cm).*

quent, outre des attributs tribaux et des insignes de bravoure, des boucliers en cuir peint, des récipients à lait ornés de perles et des manteaux de cuir, ainsi que de belles lances en fer.

CÔTE
SOUAHÉLIE

Habitat: habitations cubiques avec toit à faîte dues à des influences étrangères : bâtiments de pierre des Chirazi avec mortier à la chaux (Kiloua, etc.).

Objets usuels: ornements arabes et persans gravés sur les portes, les sandales, les pupitres à Coran, les peignes, etc., avec beaucoup de rosaces, d'arabesques et de cercles. Dans les travaux sur bois, on voit apparaître des clous, de l'argile et des chevilles, adjuvants que le Noir n'emploie pas d'ordinaire. Les Wasouahéli excellent aussi dans le travail des métaux : objets d'or et d'argent polis, repoussés, incrustés ou en filigrane (bagues d'orteil en argent richement ornées avec fermeture à charnière, épées à fourreau d'argent, travaux lamou, marqueteries d'étain, cuillères et récipients de toute sorte). Leurs spécialités sont les tapis de cuir fin ornés de dessins en mosaïque et les nattes tressées avec des caractères arabes.

FIG. 138
PAGE 37

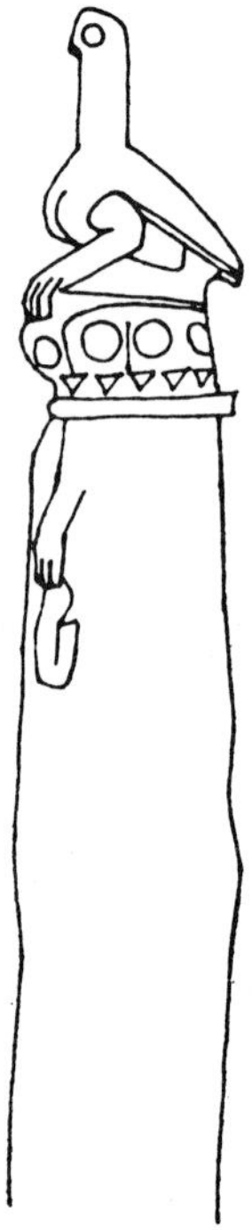

FIG. 140

GROUPE
MAKONDÉ

Le groupe Makondé comprend les Makondé, Mavia, Makoua, Wayao, Wamouéra, Matambwé, etc.

Habitat: cases rondes à toit conique.

Plastique: chez les tribus makondé au régime matriarcal, qui se trouvent dans la zone d'influence ouest-africaine et rhodésienne, le style abstrait prend des allures plus organiques et ses arêtes vives s'adoucissent. Cependant, il se fait encore sentir dans la représentation quelque peu gauche et raide de la mère du clan (avec labret et tatouages par scarification). Selon la légende makondé, le premier homme venu sur terre façonna une figure en bois qui durant la nuit s'éveilla miraculeusement à la vie et devint sa femme.

Masques: les masques atteignent parfois une force expressive remarquable. Les uns sont traités très simplement avec de calmes surfaces concaves ; les autres, de style naturaliste, sont ressentis organiquement – par exemple le masque mavia de la figure 139 qui a de vrais cheveux et des tatouages reproduits avec de la cire d'abeille noire. Beaucoup de masques du Sud-Tanganyika poussent le naturalisme jusqu'à l'extrême, au point que leurs lèvres énormes et leurs crânes fuyants, simiesques, pro-

PL. 63

FIG. 141

FIG. 142

duisent un effet assez déplaisant. Les masques animaux ont des cornes et de longues oreilles ; des danseurs à masque singe font des culbutes acrobatiques. Les masques masculins ont une barbe, les féminins, un labret et – pour le travesti des danseurs – un corselet séparé.

Les *mitété* sont célèbres : ce sont de petites boîtes en bois pour les médecines, le tabac à priser ou la poudre, dont les couvercles s'ornent de beaux motifs : rosaces et figures d'animaux.

FIG. 143

FIG. 144

PL. 60 – Siège du «maître de Bouli»; Bouli est un village des Balouba du nord, au bord de la Loua-laba. La femme agenouillée, «fille de l'esprit», a une pathétique force d'expression que tout concourt à intensifier. Siège et bras encadrent le visage au modelé sensible et lui donnent plus d'importance encore. Sud-Est congolais. *Musée royal du Congo belge, Tervuren (52 cm).*

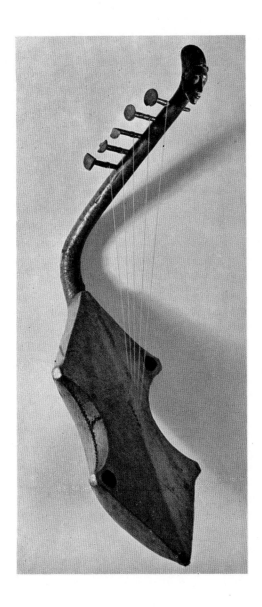

PL. 61 – *Kundi*, harpe arquée des Mangbétou, tendue de cuir. Les grosses cordes sont en poils de girafe, les fines en filaments végétaux. Elles sont pincées avec les doigts par les musiciens itinérants qui en accompagnent leurs chansons nasillardes. La petite tête est harmonieusement incorporée aux lignes de l'ensemble. La forme allongée du crâne provient de ce que les Mangbétou ont l'habitude d'enserrer la tête de leurs bébés dans des bandelettes pour leur donner cet aspect qu'ils trouvent beau. Nord-Est congolais. *Musée Rietberg, Zürich (98 cm)*.

Le grand axe nord-sud des migrations à travers la savane est-africaine fut parcouru dans les lointains embrumés de la préhistoire par les chasseurs boschimans qui suivirent les agriculteurs bantous et les pasteurs chamitiques. Sur le littoral, Arabes et Persans, Indiens et Indonésiens entretenaient des relations commerciales actives avec les Africains : c'est par là que pénétrèrent de nombreuses influences et impulsions qui conduisirent à l'établissement d'empires florissants.

Zimbabwé Les seules traces de leur existence qui subsistent aujourd'hui sont les vestiges de forteresses, de temples, de monolithes, de mines, de thermes, de souterrains et de terrasses disséminés dans le pays mashona. L'ethnologie les désigne sous le nom de «culture de Zimbabwé», d'après leur centre principal. Leur histoire est enveloppée d'une totale obscurité et nul n'a encore résolu ses énigmes. Caton et Thompson déclarent, dans leur étude approfondie, que les puissantes murailles construites en blocs de granit avec leurs motifs en arêtes, les massives tours coniques et les escaliers aux courbes harmonieuses peuvent être attribués à un premier empire créé vers le IXe ou le Xe siècle. Les bâtiments plus récents sont en moellons. Les mines abandonnées laissent supposer que le cuivre et l'étain étaient extraits en grandes quantités, le bronze coulé, l'or fondu.

On peut peut-être établir un lien entre les ruines de Zimbabwé et l'empire du Monomotapa (=Seigneur des mines) riche en or, qui faisait montre d'une pompe extraordinaire mais qui, au XVIe siècle, à l'époque où il fut découvert par les Portugais, présentait déjà des signes de décadence. Avec son organisation féodale et les rites dont il entourait le souverain, il présente des ressemblances nombreuses avec les autres royaumes, surtout avec les Balouba et l'Ouganda.

FIG. 140 On n'a retrouvé que peu d'exemples d'un art plastique dans la région de Zimbabwé : un fier oiseau en stéatite, d'une facture puissamment stylisée ; des coupes de pierre à reliefs, avec une décoration d'entrelacs disposés en bandes ; une coupe en bois avec motifs zoomorphes en croix ; quelques vases en forme de tête d'animal, simples, sévères, pour conserver les viscères du souverain.

BAROTSÉ Au XVIIe siècle, le Monomotapa fut conquis par des guerriers barotsé qui fondèrent alors un empire sur les deux rives du Zambèze : une fois encore, des seigneurs chamitiques dominaient les tribus bantou. Parmi ces vaincus, les Masoubiya et les Kwangwa se sont fait une réputation de sculpteurs sur bois. Les masques des premiers, avec leur front plissé, leur bouche anguleuse fortement endentée et ceux des Mambounda, avec des joues en hémisphère, participent aux danses lors de la nouvelle lune. Masoubiya et Kwangwa ornent leur vaisselle (Pl. de la page du titre), leurs appuie-tête et leurs trônes de figures animales; ils façonnent de belles vanneries et autrefois tous les métiers d'art étaient consacrés à renforcer le prestige de la cour.

FIG. 141

Dans tout le domaine des Bantou du sud-est, le style «poteau» est raide et gauche; il n'a été influencé par l'Europe que très récemment. Par contre, les objets usuels témoignent d'un goût et d'un sens esthétique développés: les appuie-tête des Mashona (Rhodésie du Sud) sont un exemple de composition aux rythmes équilibrés. Parmi les autres objets aux formes heureuses, citons plats en bois à bord ajouré, calebasses (Fig. 143: gourde des Manyakazé du Mozambique, avec un grandiose décor pyrogravé), sièges, boucliers, tabatières, peignes et armes de parade – dont beaucoup sont recouverts de tresses ornementales en fil de cuivre et de laiton. Des bijoux en perles bariolées, des vanneries extrêmement fines montées en spirales et de belles céramiques: pots, pipes, figurines en terre cuite, etc., sont également à signaler. Les figures animales sont très appréciées.

FIG. 142

Habitat: les trois types principaux se rencontrent: huttes avec dôme, dites kraals cafres, en branchages et en herbes; cases à toit conique et habitations cubiques. Les Mandébélé et les Basouto du Transvaal constituent une exception avec leurs peintures qui ont acquis une renommée mondiale; ils en ornent leurs murs et leurs clôtures de pisé.

FIG. 5

MADAGASCAR

A la lisière du continent et de l'art africains, l'île de Madagascar est habitée en majeure partie par des Malais, mais qui se sont mêlés à des Arabes et à des Indiens. Dans les régions reculées, des Noirs. Ces apports raciaux et culturels si divers ont donné naissance à des expressions artistiques originales. Les Noirs soudanais, Mahafaly, Antandroy, etc., élèvent sur leurs tombes les *aloala*, poteaux de bois sculptés hauts de deux à quatre mètres, dont le nombre et les motifs varient suivant le rang et la richesse du défunt. Un roi doit en avoir soixante-dix! Le décor est arabo-oriental, avec arabesques, rosaces, demi-lunes, etc., disposées autour de figures humaines et animales. Les aloala symbolisent les liens existant entre le ciel et la terre. Des poteaux funéraires de ce genre se retrouvent de façon sporadique chez les tribus du nord de l'île, par exemple, les Tsimihety.

FIG. 144

L'art de la sculpture sur bois exercé par les Bantou de Madagascar s'exprime également dans les piliers et les panneaux ornés des maisons, les coupes en bois avec rosaces, et maints objets usuels. Chez les autres habitants de l'île, l'inspiration créatrice se concentre sur les monuments funéraires : caveaux et reliefs en pierre des Hova, poteaux et cercueils à couvercle des Sakalaves, menhirs et poteaux sacrificatoires en forme de figure des Betsiléo. Elle trouve également un champ d'expression dans la décoration profane des maisons, des portes, des volets, des disques ornementaux *akalama* (Betsiléo), des bois de lit et des sceptres (Hova), etc. Parmi les motifs de sculpture anciens, vrilles et torsades témoignent d'une influence arabe et indienne. Chez les tribus de pasteurs, le zébu est le symbole le plus courant de la richesse et de la considération. Par contre, les récipients de corne et de bambou ont un caractère indonésien, de même que les superbes tissus *ikat* dont les secrets de confection sont jalousement gardés par les femmes hova.

Habitat : maisons cubiques avec toit à faîte, peu de cases rondes, palais royaux.

PL.62 – Effigies commémoratives en bois, à la mémoire d'un guerrier célèbre (province de Gamo-Gofa). Style «pieu» accentué. Dans le cimetière, la figure du héros, distinguée par son haut cimier, était placée au milieu de celles qui représentaient les ennemis tués par lui ; notre planche reproduit l'effigie d'un Borana, reconnaissable à sa coiffure particulière. Sud-Ouest éthiopien. *Coll. d'ethnologie Zürich (47 et 42 cm)*. La couverture tissée provient également de l'Éthiopie.

IX. PERSPECTIVES D'AVENIR

Si nous nous représentons une fois encore à quel point l'art nègre classique est lié à la religion et à quel point, dans l'ensemble, la civilisation blanche lui a été néfaste, un regard vers l'avenir ne peut que nous emplir de la plus vive angoisse. L'Afrique est à un tournant et subit un violent bouleversement qui remet en cause toutes ses valeurs. L'Islam et le christianisme sont en train de chasser les antiques esprits, ou de les assimiler et, par là même, le grand art africain, coupé de ses racines, est menacé de mort. En effet, comment vénérer les dieux et leurs fils, les incarner dans des visions, quand leur fonction est mise en doute ?

Suites de la politique
coloniale
Pour qui veut bien regarder la réalité en face, il est hors de doute que l'ordre ancien et solidement établi est détruit jusque dans ses fondements. La politique coloniale des Blancs a conduit, pendant un temps, à une admiration exagérée de tout ce qui était étranger. Les missionnaires ont combattu les cultes païens pour les remplacer par des représentations européennes. Les marchés indigènes sont inondés d'importations de toute sorte qui ont porté un coup fatal au travail à la main, long et peu productif. Par contre, l'artiste noir a trouvé de nouveaux débouchés, mais il a dû se conformer à ce qui lui était demandé. Alors qu'autrefois c'étaient les sociétés secrètes, les prêtres et les rois qui assuraient son existence, sa clientèle se recrute aujourd'hui dans les milieux citadins et missionnaires, les colons et les touristes. Pour gagner de l'argent vite et sans grande peine, il se conforme allégrement aux désirs des Blancs, et c'est ainsi que, dans les rues et ateliers des agglomérations importantes, s'est développée une activité débordante : des artisans fabriquent en série meubles et objets variés, bibelots d'ivoire et de bronze, puis les vendent comme souvenirs. Au Dahomey, tout le village de Banamé se consacre à la fabrication de sculptures sur bois pour l'exportation. Le touriste veut des masques et des figurines ? On lui en fournira, autant qu'il en pourra acheter ! Mais la production qui en résulte est d'une qualité bien discutable : sans fondement culturel et sans contenu artistique, elle est peut-être élégante et raffinée, mais aussi trop lisse, maniérée et vide. Les œuvres tribales caractéristiques exposées dans les musées justifient l'orgueil du Noir, mais réfutent aussi l'idée qu'il doit se servir des anciens modèles pour trouver le lien qui le rattachera aux temps modernes.

L'Africain ne peut pas simplement s'accrocher à l'art d'hier pour s'affirmer aujourd'hui et demain. Les vieux idéaux sont abandonnés ; il faut que de nouveaux soient découverts avant que l'artiste autochtone puisse se mettre à l'œuvre. La roue du temps peut d'autant moins être tournée en arrière que le Noir est en train de liquider le contenu ancien de son art. Et pourtant nous n'avons aucune raison de sombrer dans le pessimisme et de mettre en question l'avenir de l'art nègre. Assurément, les divinités anciennes sont vouées à la disparition, mais le sens artistique éminent qui imprègne et inspire le Noir fait partie intégrante de sa nature et ne s'éteindra pas si facilement. Son inépuisable imagination, ses dispositions pour l'abstraction, son sens du rythme et sa vision pénétrante de la réalité des formes sont autant de qualités qui l'accompagneront sans défaillance sur son nouveau chemin.

L'avenir s'annonce déjà prometteur. L'Afrique se met avec une avidité passionnée à l'école du monde civilisé. Elle prend dans la brousse, le village et la ville ses fils les plus doués et les envoie en Europe ou en Amérique pour recueillir, apprendre, trouver le point de contact. Et les créations artistiques de la dernière génération reflètent ce puissant élan.

Les richesses intellectuelles acquises dans les centres du monde blanc viennent féconder le sol africain. Missions, gouvernements et entreprises privées fondent dans les grandes villes du continent noir des écoles et des académies de beaux-arts, dirigées par des maîtres européens ; elles attirent les sujets les mieux doués qui sont ensuite envoyés en Europe parachever leur formation avant de reprendre le flambeau. Ainsi la mission Cyrene près de Boulawayo, en Rhodésie, les académies d'Élisabethville, Léopoldville et Kampala, les ateliers de Desfossés à Élisabethville, de Pierre Lods à Poto-Poto, près de Brazzaville, de Pierre Combes en Côte-d'Ivoire, etc., sont autant de lieux où la puissante affinité du Noir pour l'art peut de nouveau s'accomplir dans la création.

Dans la plastique, c'est son sens inné de la forme et des proportions qui lui sert. En peinture, il démontre sa convaincante habileté en élargissant la gamme si limitée des anciennes couleurs rituelles, en créant une unité harmonieuse et pourtant pleine d'élan avec des éléments abstraits. Il égaie le fond de ses tableaux néo-impressionnistes avec des taches et des raies, ses paysages poétiques trahissent son sens inné de la grâce et du rythme ; ses groupes à l'ample équilibre rappellent les peintures pariétales. Nombreux sont les artistes noirs qui se sont fait un nom à Paris, Londres ou New York et dont la valeur est reconnue dans les expositions européennes (Jimoh Akolo, Oku Ampoto, Bandila, Béla, Djilatendo, Ben Enwonwu, Félix Idubor, Kiabélua, Lubaki, Mensah, Mtuzé, Mwenzé, Omaboku, Odongo, Pilipili, Sam Songo, Zigoma et bien d'autres).

PL.63 – Masque en bois des Makondé du bassin de la Rovouma, avec spirales de perles incrustées et vrais cheveux à la place des cils. La fonction des oreilles simplifiées, en tant que réceptacle des sons, est ici exprimée de façon frappante. Les hommes portent ce noble masque lors des fêtes de la puberté. Mozambique. *Lindenmuseum, Stuttgart (34 cm)*.

Toutes ces tentatives sont encore tâtonnantes, mais très nettement posi-tives et doivent être prises fort au sérieux, comme autant d'efforts pour donner un contenu nouveau à l'art africain et lui montrer le chemin de l'avenir. Nous n'avons aucune raison de désespérer de l'Afrique. Comme le phénix renaît de ses cendres, l'art du nègre surgira des luttes et des fluctuations actuelles pour atteindre de nouveaux sommets et porter témoignage de la puissance créatrice immanente de l'homme noir.

CARTES

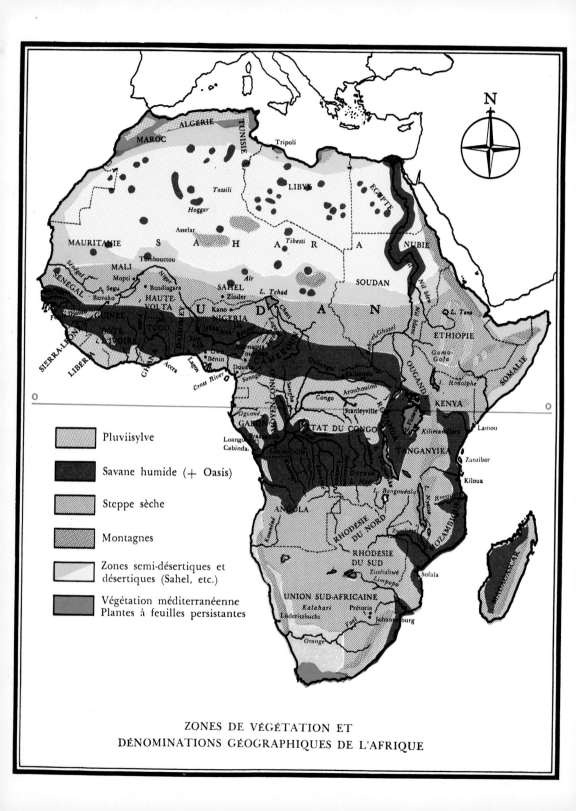

ZONES DE VÉGÉTATION ET
DÉNOMINATIONS GÉOGRAPHIQUES DE L'AFRIQUE

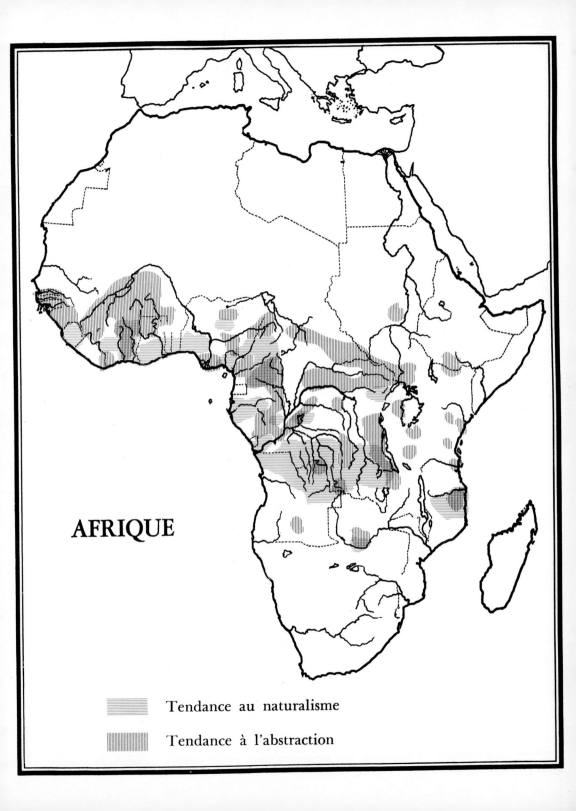

AFRIQUE

Tendance au naturalisme

Tendance à l'abstraction

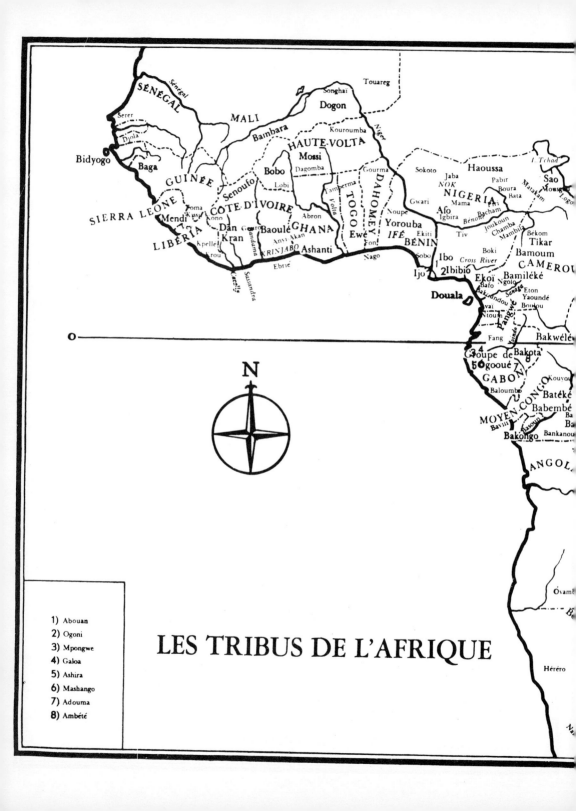

LES TRIBUS DE L'AFRIQUE

1) Abouan
2) Ogoni
3) Mpongwe
4) Galoa
5) Ashira
6) Mashango
7) Adouma
8) Ambété

NAPATA

Nil

SOUDAN ORIENTAL

Nil Bleu

Nouba
Schillouk
Bouroun
Amhara

Nilotiques

ETHIOPIE

RÉPUBLIQUE
ENTRE-AFRICAINE

Noue
Nil blanc
Anouak
Kaffa
Gato
Konso

Kredj

Oubangui
Azandé
Bangba
Mittou
Shir
Bari
Latouko

nguéré

Bwanza
Ouele
Mangbétou
Madi
Alour
Karamojo
Borana
Somali

waka
ombe
Ngbandi
Ngala
Ababoua
Acholi

Nangata
Congo
ndou-Mongo

KENYA

Baganda

Bambolé
Bambouti
Akikouvou
Wakamba

ÉTAT DU CONGO
Bahouloé
Wagirsama

Denguésé
Baléga
Wabembe
Bafoundi
Wakéréwé
Kindiga

Loualaba
BOULI
Wasoukouma
Wachagga

Sankouro
Bankoutshou
Babindji
Batétéla

Bakouba
Basongué
Masaï
Wanyamwézi
Washambala

Baketé
shilel
awoye
Loulou
Béna-
Kanyoka
Batabwa
TANGANYIKA

Béna-
Louloua
Balouba
Wanyika
Wasaramo

endé
Basalampasou
Babemba
Babemba

Batshokwé
Bavéké
Wamoue

mboundou
Balounda
Baushi
Makondé

Kalouéna
Rovouma
Matambwé
Mavia

RHODÉSIE DU NORD
Makoua

Marébounda
Kwangwa
Zambèze
MOZAMBIQUE

Barotsé
Masoubiya

RHODÉSIE
DU SUD

Betchouana
Mashona

ZIMBABWE

Manyakazé

Basouto

O

Tsimihety

Hova

Sakalaves
Betsiléo

Mahafaly
Antandroy

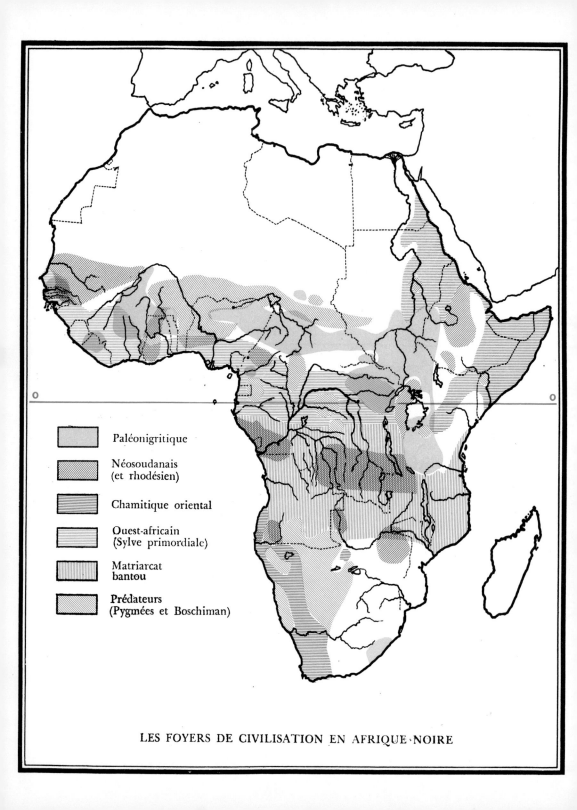

Paléonigritique

Néosoudanais (et rhodésien)

Chamitique oriental

Ouest-africain (Sylve primordiale)

Matriarcat bantou

Prédateurs (Pygmées et Boschiman)

LES FOYERS DE CIVILISATION EN AFRIQUE NOIRE

ANNEXES

TABLEAU DES RACES ET CULTURES AFRICAINES

I. – AFRIQUE BLANCHE

Races méditerranéenne, éthiopienne, sémitique et de Cro-Magnon.
Civilisations évoluées dirigées vers la Méditerranée et l'Orient.
Égypte, Sahara et pays de l'Atlas ; vallée fluviale, déserts, hautes terres avec chaînes de montagnes et steppes salées.
Culture des oasis avec irrigation artificielle, labourage à la charrue et à la houe, civilisations pastorales.

II. – AFRIQUE NOIRE

A – *Nègres*

1. CIVILISATIONS SOUDANAISES *(depuis le seuil des pays guinéens jusqu'au haut Nil, depuis le Sahara et le Sahel jusqu'à la forêt congolaise)* :
Races soudanaises et nilotiques avec apports éthiopiens.
Civilisation paléonigritique-patriarcale, avec classe dirigeante chamitique.
Savane sèche et humide, culture du mil et du maïs pendant la saison des pluies ; élevage dans les zones sèches.
A – SOUDAN OCCIDENTAL *(ex-Soudan français, Haute-Volta, Haut-Niger)* : superposition de peuples néo-soudanais dominateurs et créateurs d'Etats, véhicules d'éléments des civilisations évoluées de la Méditerranée et de l'Orient aux tribus paléosoudanaises-paléonigritiques, avec organisation familiale, labourage à la houe et peu d'élevage.
B – SOUDAN ORIENTAL *(Haut-Nil)* : agriculture et élevage du gros bétail dans les régions marécageuses et les savanes.
Au nord : prédominance de la civilisation coloniale néo-soudanaise et asiatique (Arabes) ;
au sud : Nilotiques, civilisation paléonigritique et chamitique.
C – SOUDAN CENTRAL *(Darfour, Ouadaï, herbages de la Nigeria, du Cameroun, de l'Oubangui-Chari)* : civilisations paléonigritique, néo-soudanaise et paléoméditerranéenne avec intrusions de nomadisme arabe et de Foula islamiques.
2. CIVILISATION DE LA GRANDE FORÊT OUEST-AFRICAINE *(littoral atlantique du Sénégal au Congo et à la forêt équatoriale)* :
Races négritiques et paléonigritiques avec intrusions éthiopiennes.

Civilisation paléonigritique et de la sylve primordiale avec apports néo-soudanais et méditerranéens.

Climat régulier et constamment humide.

Zone forestière avec agriculture permanente, brûlis, culture de tubercules à la houe et au bâton fouisseur.

A – Pays guinéens : partie semi-bantou, partie paléonigritique avec superposition d'éléments soudanais.

Atlantique-ouest (du Sénégal à la Bandama).

Atlantique-est (de la Bandama à la Sanaga).

Forêt et savane humide, superposition d'éléments paléoméditerranéens et néo-soudanais, Etats féodaux avec théocratie.

B – Forêt équatoriale *(Cameroun méridional, Gabon, Guinée espagnole, ex-Moyen-Congo français et nord du Congo ex-belge)*.

Paléonigritiques avec quelques intrusions soudanaises, grande forêt.

3. Civilisation matriarcale bantou *(embouchure du Congo, Angola du Nord à Rhodésie et océan Indien, régions de la Rovouma et du Zambèze)* :

Races bantou avec superposition d'éléments éthiopiens et intrusions orientales ; dans le sud, apports de chasseurs des savanes.

Bantou matriarcaux avec civilisation aristocratique partie soudanaise, partie rhodésienne. Savanes avec agriculture en saison des pluies, élevage par endroits.

4. Civilisation bantou orientale *(Afrique orientale depuis les sources du Nil jusqu'à l'Afrique du Sud et Madagascar)* :

Races bantou, fortement mêlées d'éthiopien, parfois apports d'éléments orientaux et de pygmées.

Planteurs paléonigritiques avec civilisation pastorale chamitique orientale en Rhodésie du Sud : civilisation aristocratique rhodésienne ; par endroits, civilisation eurafricaine des chasseurs de la savane. Sur le littoral oriental, superposition de civilisation coloniale néo-orientale à fond bantou.

Savane sèche, agriculture à la houe en période de pluie, élevage du gros bétail en complément.

B – *Peuples non nègres de l'Afrique noire*

1. Pasteurs chamitiques orientaux *(Afrique orientale avec Éthiopie et dissémination dans toute l'Afrique du Sud et de l'Ouest)* :

Dominante éthiopienne pure ou mêlée de négritique : chamito-nilotiques.

Civilisation pastorale (par endroit, classe supérieure dominant les planteurs paléonigritiques et les chasseurs résiduels).

Savanes sèches et salées, prairies des hauts plateaux *(Éthiopie)*.

Eleveurs nomades à l'intérieur de l'Afrique orientale mêlés à des agriculteurs sédentaires; en Éthiopie, culture à la charrue en période de pluie et irrigations en terrasse.

2. PRÉDATEURS. Les peuples les plus anciens, de petite taille : pygmées dans les forêts vierges, boschiman pygmoïdes dans les savanes salées et les zones semi-désertiques de l'Afrique du Sud. Cueilleurs et chasseurs nomades primitifs.

A – PYGMÉES : Bambouti au Congo ex-belge (région de l'Itouri), Batwa dans la région des grands lacs et d'autres dans l'ancienne Afrique-Équatoriale française.

B – BOSCHIMAN : civilisation eurafricaine des chasseurs de la savane sèche ; Kalahari, résidus en Afrique orientale (province de Roukoua).

TRANSCRIPTION

Le lecteur français étant familiarisé de longue date avec certaines graphies des noms de lieu et de tribus dans les territoires des anciennes colonies, la traductrice a jugé bon de les conserver, ce qui l'a entraînée à franciser également ceux des autres régions africaines, pour conserver l'unité de l'ensemble. Mais il est trop évident qu'il subsiste une très grande mesure d'arbitraire dans ces transcriptions, soulignée d'ailleurs par la diversité des solutions adoptées par les auteurs spécialisés.

Pour ce qui est des tribus bantou, l'auteur a conservé les formes du pluriel avec les préfixes Ba, Ma ou Wa, alors que le préfixe pour désigner un seul membre de la tribu est Mou, la langue, Ki, le pays, Ou. Par exemple, dans le pays de l'Ou-ganda, on trouve le peuple des Ba-ganda ; un Mou-ganda parle le Ki-ganda. (Dans de nombreux ouvrages, ces préfixes sont purement et simplement supprimés et l'on trouve Kouba, par exemple, au lieu de Ba-kouba.)

BIBLIOGRAPHIE

OUVRAGES GÉNÉRAUX

Adam, L.: Primitive Art. Londres, 1954.

African Ideas of God. Pub. Edwin W. Smith, Londres, 1950.

Afrikanische Plastik. Kunstwerkschriften 17, Baden-Baden.

African Worlds. Pub. Daryll Forde, Londres, 1954.

Baumann, H.: Vaterrecht und Mutterrecht in Afrika. ZfE., 1926.

Baumann, H.: Afrikanisches Kunstgewerbe; dans: Bossert, Gesch. d. Kunstgewerbes Vol. II, Berlin, 1929.

Baumann, H.: Afrikanische Wild- und Buschgeister, ZfE., 1938.

Baumann, H., Thurnwald, R. et Westermann, D.: Völkerkunde von Afrika, Essen, 1940.

Bernatzik, H. A.: Afrika. 2 vol. Innsbruck, 1947.

Christensen, E. O.: Primitive Art. New York, 1955.

Einstein, C.: Negerplastik. Leipzig, 1915.

Elisofon, E. – Fagg, W.: Die afrikanische Plastik. Cologne, 1958. (Ouv. récent et essentiel.)

Fagg, William: On the Nature of African Art; dans: Mem. & Proc. Manchester Lit. & Phil. Soc., 1953.

Frobenius, Léo: Die Masken und Geheimbünde Afrikas, 1898; dans: Nova Acta, Leopoldina. t. 74/1.

Frobenius, Léo: Das unbekannte Afrika. Munich, 1923.

Gerbrands, A. A.: Art as an Element of Culture. Leyde, 1957.

Germann, P.: Die Afrikanische Kunst; dans: Springer, Handbuch der Kunstgeschichte, t. 6. Leipzig, 1929.

Griaule, M.: Arts de l'Afrique noire. Paris, 1947.

Haselberger, H.: Die Wandmalerei der afrikanischen Neger. ZfE., 1957.

Hefel, A.: Der afrikanische Gelbguß und seine Beziehungen zu den Mittelmeerländern; dans: Wiener Beiträge, Jg. 5, 1943.

Herrmann, F.: Die afrikanische Negerplastik als Forschungsgegenstand. Berlin, 1958.

Herskovits, M. J.: Background of African Art. Denver, 1945.

Heydrich, M.: Afrikanische Ornamentik. IAE. Suppl. n° 7 au tome 22, 1914.

Heydrich, M. et Frölich, W.: Plastik der Primitiven. Stuttgart, 1954.

Italiaander, R.: Neue Kunst in Afrika. Mannheim, 1957.

Kjersmeier, C.: Centres de style de la sculpture nègre africaine. 4 vol. Paris, 1935–38 (et Copenhague).

Lagercrantz, St.: Contribution to the Ethnography of Africa, 1950 (Studia Ethnogr. Upsaliensia I. Lund.)

L'Art nègre. Présence africaine, 10/11, 1951, Paris.

Lavachéry, H.: Statuaire de l'Afrique noire. Neuchâtel 1954.

Leiris, M.: Les Nègres d'Afrique et les arts sculpturaux. Unesco, Paris, 1954.

Leuzinger, E.: Wesen und Form des Schmuckes afrikanischer Völker. Zürich, 1950.

Masterpieces of African Art. Catalogue Brooklyn Museum. New York, 1954.

Münsterberger, W.: Primitive Kunst. Munich, 1955.

Nuoffer, O.: Afrikanische Plastik in der Gestaltung von Mutter und Kind. Dresden, sans année.

Parrinder, G.: West African Religion. Londres, 1949.

Paulme, D.: Les Sculptures de l'Afrique noire. Paris, 1956.

Pedrals, D.-P.: Manuel scientifique de l'Afrique noire. Paris, 1949.

Pedrals, D.-P.: Archéologie de l'Afrique noire. Paris, 1950.

Plass, M.: African Tribal Sculpture. Univ. Mus. Philadelphie, 1956.

Radin, P. et Sweeney, J. J.: African Folktales and Sculpture. New York, 1952.

Schachtzabel, A.: Die Siedlungsverhältnisse der Bantuneger. IAE., Suppl. au t. 20., 1911.

Schilde, W.: Ost-westliche Kulturbeziehungen im Sudan; dans: Mem. Weule., Leipzig, 1929.

Schmalenbach, W.: Die Kunst Afrikas. Bâle, 1953.

Schurtz, H.: Das afrikanische Gewerbe. Leipzig, 1900.

Schweinfurth, G.: Artes Africanae, 1875.

Segy, L.: African Sculpture Speaks. New York, 1952.

Steinmann, A.: Maske und Krankheit; dans: Ciba-Zeitschrift n° 89, 1943, Bâle.

Von Sydow, E.: Die Kunst der Naturvölker und der Vorzeit. Propyläen-Kunstgeschichte I, Berlin, 1923.

Von Sydow, E.: Handbuch der Afrikanischen Plastik, t. I. Berlin, 1930.

Von Sydow, E.: Afrikanische Plastik. Œuvre posthume édit. par Gerdt Kutscher. Berlin, 1954.

Tempels, Placide: Bantu-Philosophie. Heidelberg, 1956.
Trowell, M.: Classical African Sculpture. Londres, 1954.
Vatter, E.: Religiöse Plastik der Naturvölker. Francfort s/M., 1926.
Westermann, D.: Geschichte Afrikas. Cologne, 1952.

Wingert, P.: The Sculpture of Negro Africa. New York, 1950.
Underwood, L.: Figures in Wood in West Africa. Londres, 1947.
Underwood, L.: Masks of West Africa. Londres, 1948.
Underwood, L.: Bronzes of West Africa. Londres, 1949.

BIBLIOGRAPHIES

Klein, Hildegarde: Afrika südl. der Sahara. Ethnogr. Veröffentlichungen, 1945–1950; dans: Paideuma. t. V/3, 1951.

Mylius, Norbert: Afrika-Bibliographie. 1943–1951. Vienne, 1952.
Wieschhoff, H.: Anthropological Bibliography of Negro Africa. New Haven, 1948.

ÉTUDES RÉGIONALES

SOUDAN OCCIDENTAL:

Dieterlen, G.: Les Ames des Dogons. Paris, 1941.
Dieterlen, G.: Essai sur la religion bambara. Paris, 1951.
Griaule, M.: Masques Dogon. Paris, 1938.
Griaule, M.: Dieu d'eau. Paris, 1948.
Lem, F.-H.: Sculptures soudanaises.
Minotaure. Mission Dakar-Djibouti 1931–33. Paris, 1933.
Pâques, V.: L'Estrade royale des Niaré. Bull Inst. français de l'Afrique noire, t. 15/4, 1953.

AFRIQUE OCCIDENTALE
(DU SÉNÉGAL AU DAHOMEY):

Bardon, P.: Collection des masques d'or baoulé de l'IFAN. Dakar, 1948.
Bernatzik, H. A.: Äthiopen des Westens. 2 vol. Vienne, 1933.
Bernatzik, H. A.: Im Reiche der Bidyogo. Innsbruck, 1944.
Creac'h, P.: Notes sur l'art décoratif architectural Foula du haut Fouta-Djalon; dans: I. Conf. int. Afr. de l'Ouest II. Dakar, 1951.
Donner, E.: Kunst und Handwerk in NO-Liberia. Bässl. Arch. 23. Berlin, 1940.
Glück, J.: Die Goldgewichte von Oberguinea. Heidelberg, 1937.
Glück, J. F.: Die Gelbgüsse des Ali Amonikoyi. Jahrb. Lindenmuseum Stuttgart, 1951.

Harley, G.W.: Masks as agents of social control in Northeast Liberia. Pap. of the Peabody Mus. 32/2, 1950.
Herskovits, M.J.: Dahomey. 2 vol., New York, 1938.
Himmelheber, H.: Negerkünstler. Stuttgart, 1935.
Himmelheber, H. et U.: Die Dan. Stuttgart, 1958.
Holas, B.: Masques Kono. Paris, 1952.
Holas, B.: Mission dans l'Est Libérien (Mém. IFAN 14, 1952), Dakar.
Holas, B.: Portes sculptées du Musée d'Abidjan. Dakar, 1952.
Kjersmeier, C.: Ashanti Weights. Copenhague, 1948.
Meyerowitz, E. L. R.: The sacred State of the Akan. Londres, 1951.
Paulme, D.: Les Gens du riz (Kissi). Paris, 1954.
Rattray, R.: Religion and Art in Ashanti. Oxford, 1927.
Réal, D.: Note sur l'art dahoméen. J. Roy. Inst. Anthr. 30, 1920.
Rütimeyer, L.: Über westafrikanische Steinidole. IAE., 1901.
Schwab, G.: Tribes of the Liberian Hinterland. Pap. Peabody Mus., t. 31., 1947.
Staub, J.: Beiträge zur Kenntnis der materiellen Kultur der Mendi. Berne, 1936.
Vandenhoute, P.-J.-L.: Classification stylistique du masque dan et guéré de la Côte-d'Ivoire occid. Leyde, 1948.
Verger, P.: Dieux d'Afrique. Paris, 1954.
Waterlot, E.-G.: Les Bas-reliefs des bâtiments royaux d'Abomey. Paris, 1926.
Zeller, R.: Die Goldgewichte von Asante. Bässler Arch. Beiheft III., 1912.

NIGERIA:

Beier, H. U.: Sacred Wood Carvings from a small Yoruba Town. Lagos, 1957.

Daniel, F.: The Stone Figures of Esie ; dans : Journ. Roy. Inst. Anthrop. 67e vol., 1937.

Dapper, O.: Umbständliche und Eigentliche Beschreibung von Afrika, 1671.

Egharevba, J. U. (Chef de tribu): A Short History of Benin. Lagos, 1953.

Fagg, Bernhard: Divers articles dans «Man» : 1946/48, 1956/59 ; dans «Africa» : t. 15/1, Londres, 1945.

Fagg, William: De l'art des Yoruba ; dans : L'Art nègre, Paris, 1951.

Fagg, William: L'art nigerien avant Jésus-Christ ; dans : L'Art nègre, Paris, 1951.

Von Luschan, F.: Altertümer von Benin. 3 vol. Berlin, 1919.

Marquart, J.: Die Beninsammlung des Reichsmuseums für Völkerkunde in Leiden. Leyde, 1913.

Meek, C. K.: The Northern Tribes of Nigeria. 2 Vol. Londres, 1925.

Meyerowitz, E.L.R.: Ancient Nigerian Bronzes; dans: Burlington Magazine 79, Sept. 1941 et Oct. 1941.

Murray, K. C.: The chief Art Styles of Nigeria ; dans : I. Confér. Int. africanistes Ouest II., Dakar, 1951.

Murray, K.C.: The Stone images of Esie and their yearly festival ; dans : Nigeria 37, 1951.

Murray, K.C.: Ekpu, the Ancestor Figures of Oron. Burl. Mag. t. 89. Nov. 1947.

Pitt-Rivers: Antique Works of Art from Benin. Londres 1900.

Read, C. H. et Dalton, O. M.: Antiquities from the City of Benin. Londres, 1899.

Roth, H. Ling: Great Benin. Halifax, 1903.

Talbot, P. A.: Life in Southern Nigeria. Londres, 1923.

Talbot, P. A.: Tribes of the Niger Delta. Londres, 1932.

Talbot, P. A.: Peoples of Southern Nigeria. 4 Vol. Oxford, 1926.

The Art of Ife. Pub. Nigerian Antiquities Service, Lagos, 1955.

CAMEROUN ET ANC. AFRIQUE ÉQUATORIALE FRANÇAISE

Andersson, E.: Les Kuta. Studia Ethn. Upsaliensia, Upsala, 1953.

Germann, P.: Das plastisch-figürliche Kunstgewerbe im Grasland von Kamerun. Leipzig, 1910.

Labouret, H.: Cameroun. Paris, 1934.

Lebeuf, J.-P.: La Plaine du Tchad et ses arts. Paris, 1946.

Lebeuf, J.-P. et Détourbet, A.-M.: Les Civilisations du Tchad. Paris, 1950.

Lebeuf, J.-P. et Détourbet, A.-M.: L'Art ancien du Tchad ; dans : Cahiers d'art n° 26, 1951.

Lecoq, R.: Les Bamiléké. Paris, 1953.

L'Habitat au Cameroun. Paris, 1952.

Pervès, M.: Parmi les Fang ; Le Jeu de l'Abbia ; dans : Revue Géogr. Hum. et d'Ethn., Paris, 1948/3.

Plass, Margaret: The Kings Day. Chicago, 1956

Tessmann, G.: Die Pangwe. 2 vol., Berlin, 1913.

CONGO EX-BELGE ET ANGOLA:

Baumann, H.: Die materielle Kultur der Azande und Mangbetu. Bässler Archiv II, Berlin, 1927.

Baumann, H.: Lunda. Berlin, 1935.

Biebuyck, G.: Function of a Lega Mask. IAE. 47/1, 1954.

Boone, O.: Carte ethnique du Congo belge et du Ruanda-Urundi. Musée Tervuren, 1954.

Burssens, H.: The so-called «Bangala» ; dans : Congo-Overzee XX/3. Bruxelles, 1954.

Colle, R.-P.: Les Baluba. 2 vol. Bruxelles, 1913.

Himmelheber, H.: Les Masques Bayaka et leurs sculpteurs. Brousse 1939/I, Léopoldville.

L'Art au Congo belge (Les arts plastiques). Bruxelles, 1951.

L'Art nègre du Congo belge. Bruxelles, 1951.

Les arts au Congo belge et au Ruanda-Urundi (CID, Bruxelles, 1950).

Maes, J.: Die soziale und kulturelle Bedeutung der Kabila-Figuren aus Belgisch-Kongo. Paideuma II/6–7, 1943.

Maes, J.: Les figurines sculptées du Bas-Congo; dans : Africa III/3, 1930.

Olbrechts, F. M.: Plastiek van Kongo. Anvers, 1946.

Scohy, A.: Ekibondo, ou Les murs veulent parler; dans : Brousse 1951, 1/2, Léopoldville.

Sousberghe, R. P. de: Cases cheffales sculptées des Ba-Pendé (Bull. Soc. roy. belge Anthr. et Préh., 1955).

Torday, E.: Notes ethnogr. sur des populations habitant les bassins du Kasai et du Kwango oriental. Bruxelles, 1923.

Torday, E. et Joyce, T. A.: Notes ethnographiques sur les peuples Bakuba. Bruxelles, 1910.

Verly, R.: Les Mintadi. – La Statuaire de pierre du Bas-Congo. Louvain, 1955.

Von Wissmann, H.: Im Innern Afrikas. Leipzig, 1888.

AFRIQUE ORIENTALE ET MADAGASCAR:

Camboué, P.: Aperçu sur les Malgaches et leurs conceptions d'art sculptural, dans : Anthropos, 1928.

Caton-Thompson, G.: The Zimbabwe Culture. Oxford, 1931.

Cory, H.: Wall paintings by Snake Charmers in Tanganyika. Londres, 1953.

Cory, H.: African Figurines. Londres, 1956.

Emery, W. B.: Nibian Treasure. Londres, 1948.

Jensen, Ad.: Im Lande des Gada. Stuttgart, 1936.

Junod, H. A.: The Life of a South African Tribe. 2 vol. Neuchâtel, 1913.

Lormian, H.: L'Art malgache. Paris.

Meiring, A. L.: The Art and Architecture of the Amandebele. South Afr. Scene, t. I. Pretoria.

Meyer, H.: Die Barundi. Leipzig, 1916.

Schebesta, P.: Die Zimbabwe-Kultur in Afrika; dans: Anthropos, 1926.

Stuhlmann, F.: Handwerk und Industrie in Ostafrika. Hambourg, 1910.

Trowell, M. et Wachsmann, K. P.: Tribal Crafts of Uganda. Londres, 1953.

Weule, K.: Ethnographische Forschungsreise in den Südosten Deutsch-Ostafrikas. Mitt. dt. Schutzgeb. 1908, Erg.-Heft I., Berlin.

JOURNAUX ET REVUES

Africa. Journal of the Int. Afr. Inst., Londres.

Annales du Musée du Congo belge. Les Arts, III, 1902–06, Bruxelles-Tervuren.

Bulletin de la Société d'études camerounaises, Douala.

IFAN (Inst. français de l'Afrique noire): Mémoires, Bulletin, Notes africaines, etc.

IAE (Internat. Archiv für Ethnographie), Leyde.

Journal de la Société des Africanistes, Paris.

Journal of the Royal Anthropological Institute, Londres.

Kongo-Overzee, Bruxelles.

Man, Londres.

Nigeria. A quarterly Magazine, Lagos.

Paideuma. Institut für Kulturmorphologie, Francfort s/M.

Zaire. Revue congolaise, Bruxelles.

ZfE. (Zeitschrift für Ethnologie). Deutsche Ges. für Völkerkunde, Brunswick.

TABLE DES REPRODUCTIONS EN COULEURS, DES ILLUSTRATIONS DANS LE TEXTE ET DES CARTES

TABLE DES REPRODUCTIONS EN COULEURS

INDICATIONS D'ORIGINE DES ILLUSTRATIONS EN COULEURS

AUTEURS DES CLICHÉS EN COULEURS

Les reproductions en couleur suivantes ont été mises à notre disposition par :
W. Bruggmann, Winterthur P. de titre, 1, 2, 3, 4, 5, 6, 7, 9, 10, 11, 12, 13, 14, 15, 16, 17, 18, 19, 20, 21, 23, 24, 25, 26, 27, 29, 30, 31, 34, 35, 36, 39, 41, 42, 45, 46, 48, 49, 50, 51, 52, 53, 54, 55, 56, 58, 59, 60, 61, 62
J.-A. Lavaud, Paris 8, 22, 43, 44, 57
J. Skeel, Londres 20, 28

TABLE DES CARTES

Nous tenons à exprimer ici notre profonde gratitude à tous les musées et collectionneurs particuliers qui nous ont donné avec la plus grande amabilité l'autorisation de reproduire les œuvres d'art en leur possession. Nos remerciements vont également au docteur A. Maesen, du Musée de Tervuren et à Mme Margrit Hug, de Zürich, pour leurs précieux conseils, ainsi qu'à Mlle Greta Leuzinger, Zürich, auteur des dessins qui illustrent cet ouvrage.

TABLE ET ORIGINE DES DESSINS

42 – Gbekré, dieu singe, en bois ; Baoulé. Côte-d'Ivoire. 58 cm. Col. Ch. Ratton, Paris.

43 – Masque en bois des Baoulé ; 34 cm. Col. Charles Ratton, Paris.

44 – Guli, danseur avec masque buffle en bois et costume en raphia ; Baoulé. 73 cm. Col. E. Leuzinger.

45 – Guli, masque buffle rond et plat en bois ; Baoulé. 38 cm. Col. F. Fénéon, Paris. D'après *Radin & Sweeney*.

46 – Porte en bois à reliefs ; Baoulé. 145 cm. Col. J. Müller, Soleure.

47 – Masque en or, dieu bélier ; Côte-d'Ivoire. D'après *Christensen*.

48 – Poulie à tisser en bois des Gouro ; Côte-d'Ivoire. 12 cm. Musée Rietberg, Zürich (Col. v. d. Heydt).

49 – Masque Zamlé en bois ; Gouro. 40 cm. SfV., Zürich.

50 – Figure en bois des Ebrié ; Côte-d'Ivoire méridionale. 31 cm. D'après *Rasmussen: Art nègre*, Paris.

51 – Figure de défunt en terre cuite ; Krinjabo, Côte-d'Ivoire orientale. 22 cm. SfV., Zürich.

52 – Poids en bronze avec cavalier ; Ashanti. 11,5 cm. Col. Kjersmeier. D'après *Kjersmeier: Ashanti Weights*.

53 – Poids en bronze avec scorpion ; Ashanti. 8 cm. Col. E. Leuzinger.

54 – Poids en bronze avec 2 crocodiles ; Ashanti. 4,5 cm. Col. E. Leuzinger.

55 – Akua'ba, poupée de fécondité des Ashanti (bois) ; 41 cm. SfV., Zürich.

56 – Tabouret en bois des Ashanti. British Museum, Londres. D'après *Meyerowitz: Sacred State...*

57 – Bijou en argent : alligator et poisson ; Togo septentrional. 17 cm. SfV., Zürich.

58 – Canne de cérémonie du roi Glélé, avec lion. Dahomey. D'après *Waterlot*.

59 – Groupe en laiton : mère avec enfant et mortier. Dahomey. 14,5 cm. SfV., Zürich.

60 – Figure de bois : épouse du dieu Legba ; Fon. Dahomey. D'après Photo Herdeg.

61 – Tête en terre cuite de la civilisation nok (environ 400 av. J.-C.) ; Nigeria du Nord. 22,3 cm. Jos Museum Nigeria.

62 – Figure de pierre d'Ésie ; Nigeria. Sanctuaire d'Ésie. D'après *Daniel*.

63 – Bâton avec oiseau de bronze ; Bénin. Hauteur de l'oiseau : 14 cm. SfV., Zürich.

64 – Tête de serpent en bronze ; Bénin. 43 cm. Museum für Völkerkunde, Leipzig. D'après *Germann*: Handbuch de Springer.

65 – Tête-portrait en bronze du roi Osemwénédé, 1816–1849 ; Bénin. 63 cm. SfV., Zürich.

66 – Ibéji, figure de jumeau en bois des Yorouba ; 20,5 cm. Musée Rietberg, Zürich.

67 – Masque gélédé en bois : Yorouba. 40 cm. Col. K. C. Murray.

68 – Masque épa avec cavalier (bois) ; Yorouba. 1 mètre. British Museum, Londres. D'après *Underwood: Masks...*

69 – Plateau de bois pour l'oracle ifa ; Yorouba. 87 cm. SfV., Zürich.

70 – Tambour en bois avec reliefs pour la société Ogboni ; Yorouba. 87 cm. SfV., Zürich.

71 – Édan, baguette de laiton, insigne de la société Ogboni ; Yorouba. 38 cm. British Museum, Londres. D'après Cat. de *W. Fagg:* The Webster Plass Collection, 1953.

72 – Tête de bélier en bois de style Owo ; Nigeria. 49 cm. Col. W. Cockin, Londres. D'après *Radin & Sweeney*.

73 – Masque couteau pour le culte de l'igname (bois) ; Ibo. 33 cm. Col. Webster Plass, New York. D'après *Plass:* African Tribal Sculpture.

74 – Ikenga, fétiche domestique en bois ; Ibo. 67 cm. Col. Carl Kjersmeier. D'après *Kjersmeier:* Centres...

75 – Groupe en terre cuite des Kwalé-Ibo ; Sud-Est nigerien. 29 cm. SfV., Zürich.

76 – Masque crocodile, esprit de l'eau (bois) ; Abouan, Sud-Est nigerien. 63 cm. British Museum, Londres. D'après Cat. de *W. Fagg:* The Webster Plass Collection, 1953.

77 – Masque animal des Ogoni (bois) ; Sud-Est nigerien. 43 cm. Nigerian Museum, Lagos. D'après *Fagg-Elisofon*.

78 – Masque buffle des Mama (bois) ; Nigeria du Nord. 35 cm. Col. Charles Ratton, Paris.

79 – Sommet de coiffure de danse avec piquants de porc-épic et cornes (bois) ; Afo, Nigeria du Nord. 29 cm. Col. Dr. Jan Ollers, Stockholm. D'après Cat. Negerkonst, Musée national, Stockholm, 1953.

80 – Figure en terre cuite de la culture sao. Région du Tchad ; 20 cm. Musée de l'homme, Paris. D'après *Paulme:* Les sculptures...

81 – Palais de Bandjoun ; savane camerounaise. D'après *Habitat au Cameroun*.

82 – Masque en bois des Bamoum ; savane camerounaise. 40,5 cm. SfV., Zürich.

83 – Masque de taureau en bois ; savane camerounaise. 67 cm. SfV., Zürich.

84 – Masque éléphant en bois ; Bali, savane camerounaise. 79 cm. Lindenmuseum, Stuttgart. D'après *Kutscher:* Exotische Masken, 1953.

85 – Figure d'ancêtre assis avec tête-trophée en bois ; Batié,groupe Bamiléké ; Cameroun. 115 cm. D'après *Lecoq:* Bamiléké.

86 – Trône avec figure (bois) ; Békom, savane camerounaise. 186 cm. Col. Ch. Ratton, Paris.

87 – Plat en bois avec figure porteuse ; savane camerounaise. 23 cm. Col. E. Leuzinger.

88 – Pipe en terre avec motif d'araignées ; Bamoum, savane camerounaise. 34 cm. SfV., Zürich.

89 – Fourneau de pipe en laiton avec tête d'éléphant ; Bamoum,savane camerounaise. 13 : 17 cm. SfV., Zürich.

90 – Figure double des Bafo ; forêt camerounaise. 10,5 cm. SfV., Zürich.

91 – Figure de bois des Pangwé ; Gabon. 52 cm. British Museum, Londres. D'après *Roy:* Arts sauvages, 1957.

92 – Noix ornée, marque de jeu des Yaoundé ; Cameroun mérid. 4,2 cm. D'après *Pervès.*

93 – Masque en bois des Bakwélé ; 24 cm. Col. Tristan Tzara, Paris. D'après *Roy:* Arts sauvages, 1957.

94 – Figure reliquaire en bois avec applications de laiton. Style Bakota. 52 cm. Col. W. Münsterberger. D'après *Münsterberger.*

95 – Sculpture en bois des Ambété ; anc. Moyen-Congo franç. 36 cm. Musée Rietberg, Zürich.

96 – Statuette en bois avec clochettes ; Babembé, anc. Moyen-Congo franç. 22,5 cm. British Museum, Londres. D'après *Underwood:* Figures...

97 – Figure en bois des Batéké : anc. Moyen-Congo franç. 48 cm. Museum für Völkerkunde, Berlin. D'après *Sydow:* Afrikanische Plastik.

98 – Mère et enfant, figure en bois des Bakongo. 25 cm. Musée Rietberg, Zürich.

99 – Figure en pierre de Noqui ; Bakongo. 27 cm. Musée de l'homme, Paris. D'après *Paulme:* Sculptures...

100 – Fétiche à clous (bois). 95 cm. SfV., Zürich.

101 – Masque en bois pour la secte Bakhimba ; Bakongo. 30 cm. Lindenmuseum, Stuttgart.D'après *Kutscher*; Exotische Masken. Stuttgart, 1953.

102 – Poire à poudre avec figure animale (bois) ; Bakongo. 15 cm. SfV., Zürich.

103 – Tête en terre cuite avec groupe de figures ; Bakongo. 46 cm. Vleeschhuis-Museum, Anvers. D'après *Olbrechts.*

104 – Appuie-tête avec figure (bois) ; Bayaka. 15 cm. SfV., Zürich.

105 – Masque Kakungu (bois) ; Bayaka. 91 cm. Musée Tervuren, Bruxelles. D'après *Elisofon-Fagg.*

106 – Figure de bois : mère et enfant avec hochet ; Bambala. 56 cm. SfV., Zürich.

107 – Amulette d'ivoire des Bahouana ; Sud-Ouest congolais. Musée Tervuren, Bruxelles. D'après *Maesen:* La sculpture décorative, dans : Les Arts plastiques, 1951.

108 – Amulette d'ivoire plate des Bahouana. 6,4 cm. Musée Rietberg, Zürich.

109 – Masque d'ivoire avec barbe ; Bapendé. 5,6 cm. SfV., Zürich.

110 – Masque de bois avec cornes ; Bapendé de l'est. Am. Mus. of Natural History, New York. D'après cat. Jowa.

111 – Matériel de divination Itombwa en bois (crocodile) ; Bakouba. 8,5 : 27 cm. Musée Rietberg, Zürich.

112 – Masque en bois avec yeux coniques des Bakouba ; type bakété. 45 cm. Museum für Völkerkunde, Berlin. D'après *Sydow:* Afrikanische Plastik.

113 – Epingle à cheveux en bois ; Bawongo, Congo central. 20,2 cm. Musée Rietberg, Zürich.

114 – Mère et enfant (bois) ; Béna-Louloua. 36 cm. Brooklyn Museum, New York. D'après *Plass:* African Tribal Sculpture.

115 – Mortier avec figure accroupie (bois) ; Béna-Louloua. 22,5 cm. Musée Tervuren, Bruxelles. D'après *Schmalenbach.*

116 – Masque en bois des Béna-Louloua. 23 cm. Musée Tervuren, Bruxelles. D'après *Elisofon-Fagg.*

117 – Statuette en bois des Basongué. 17 cm. Coll. E. Leuzinger.

118 – Hache d'apparat avec manche incrusté de cuivre ; Basongué. 49 cm. SfV., Zürich.

119 – Figure entravée (bois), Béna-Kanyoka. 38 cm. Musée Rietberg, Zürich.

120 – Figure d'un sceptre (bois) ; Batshokwé. 28 cm. Coll. Alain Locke. D'après *Segy.*

121 – Appuie-tête avec la déesse mère (bois) ; Balouba-Hemba. 20 cm. SfV., Zürich.

122 – Kabila, dite figure de mendiante (bois) ; Balouba. 45 cm. SfV., Zürich.

123 – Amulette d'ivoire des Balouba-Hemba. 12 cm. Musée Rietberg, Zürich.

124 – Pilon avec tête (bois) ; Balouba du sud. Musée Rietberg, Zürich.

125 – Figure d'ancêtre des Wabembé (bois) ; est du Congo ex-belge. 26,5 cm. Musée Tervuren, Bruxelles. D'après *Münsterberger.*

126 – Figure en ivoire des Waléga. 22 cm. Coll. Ch. Ratton, Paris. D'après *Roy:* Arts sauvages, 1957.

127 – Figure de bois des Bambolé; Nord-Est congolais. 49 cm. SfV., Zürich.

128 – Boîte d'écorce anthropomorphe; Azandé. 65,3 cm. Musée Rietberg, Zürich.

129 – Jarre de terre cuite avec tête humaine; Mangbétou. 29 cm. SfV., Zürich.

130 – Masque en bois avec peinture noire et blanche; Ababoua, Nord-Est congolais. 30 cm. Musée Tervuren, Bruxelles. D'après *Sydow:* Afrikanische Plastik.

131 – Masque en bois des Bwaka; Nord-Ouest congolais. 32 cm. Musée Rietberg, Zürich.

132 – Masque des Balolo (bois); Nord-Ouest congolais. 33,5 cm. Coll. Kerels, Bruxelles.

133 – Tambour antilope (bois); Yanguéré, Congo sept. I m. Musée de l'homme, Paris. D'après *Griaule:* Arts...

134 – Figure en bois de style primaire; Bari, Nilotiques du nord-ouest. 46,5 cm. Museum für Völkerkunde, Vienne. D'après *Sydow:* Afrikanische Plastik.

135 – Corbeille à couvercle montée par enroulement; Baroundi, Afrique orientale. SfV., Zürich.

136 – Figure magique «Vizulu» avec plat (bois); Washambala, Ousambara. 45 cm. SfV., Zürich.

137 – Trône d'une sultane (bois); Wanyamwézi. 107 cm. Museum für Völkerkunde, Berlin. D'après *Sydow:* Afrikanische Plastik.

138 – Bague d'orteil en argent avec charnière; Wasouahéli, littoral oriental. 11,5 cm. SfV., Zürich.

139 – Masque casque en bois avec décor de cire; Mavia, Mozambique. 33 cm. British Museum, Londres. D'après *Bennet-Clark* dans: Man 1957/117.

140 – Stèle avec oiseau en stéatite; Zimbabwé, Rhodésie du Sud. Oiseau: 33 cm. Stèle: 120 cm. Musée, Bulawayo. D'après *Sydow:* Afrikanische Plastik.

141 – Masque en bois avec plumes des Masoubiya-Barotsé; Sud-Est africain. 45 cm. SfV., Zürich.

142 – Appuie-tête en bois avec décor géométrique; Mashonaland. 13 cm. SfV., Zürich.

143 – Calebasse des Manyakazé; Mozambique. 22 cm. SfV., Zürich.

1 44 – Aloala, poteau mortuaire commémoratif (bois); Antandroy, Madagascar. D'après *Almasi*, dans: Atlantis 1939/6.

---

[1] SfV. = Collection d'ethnologie de l'Université de Zürich.

[2] Indications plus précises dans la bibliographie.

GLOSSAIRE DES PRINCIPAUX TERMES TECHNIQUES

Age du fer

Période de la préhistoire qui succède, en Europe, à l'âge du bronze, vers 800 av. J.-C. En Afrique noire, elle suit sans transition l'âge de la pierre ; dans le nord de la Nigeria, par exemple, vers le milieu du premier millénaire av. J.-C.

Age de la pierre

Première période de l'évolution humaine sans métaux. Dates pour l'Europe :

1) Paléolithique : comprenant les périodes glaciaires, il se termine vers 5000 av. J.-C. Chasseurs et cueilleurs nomades. Outils en pierre taillée.

2) Mésolithique : Vers 5000–4000 av. J.-C. Caractérisé par les microlithes, outils en pierre taillée de très petites dimensions.

3) Néolithique : 4000–1800 av. J.-C. Débuts de la culture à la houe et de la poterie. Les outils de pierre polie sont caractéristiques.

Amulette

Objet constituant un moyen de défense magique contre le malheur.

Application

Ornementation des tissus, du cuir, etc., au moyen de morceaux d'étoffe multicolores ou d'autres matières décoratives cousus sur eux.

Appuie-tête

Petit banc qui préserve l'ordonnance de la coiffure pendant le sommeil.

Art primaire

Stade originel primitif non différencié, commun à l'art de tous les peuples.

Bantou

Terme général désignant les diverses tribus noires du Sud et de l'Est africains, fondé sur une particularité de leur langue : le genre des mots est marqué par des préfixes. Cf. les remarques sur l'exemple Ouganda, à la page 223. Sous-groupes : Bantou du nord-est, de l'est, du sud-est, du sud-ouest, Bantou moyens matriarcaux du Congo méridional et semi-Bantou fortement mêlés de Noirs du Soudan.

Bronze

Appellation courante mais inexacte d'un mélange de cuivre et de zinc, parfois additionné d'étain ou de plomb ; le vocable recouvre tous les stades intermédiaires depuis le cuivre et le bronze proprement dit (cuivre et étain) jusqu'au laiton.

Calebasse

Récipient fait d'une cucurbitacée évidée.

Cauris

Cypraea moneta, coquillage pêché surtout dans les Maldives (océan Indien) et transporté de là en Afrique par quantités énormes. Il servait de monnaie et symbolisait la fécondité.

Chamites

Terme fondé sur la langue et la culture pour désigner les races éthiopiennes de pasteurs (gros bétail).

Cire perdue

Procédé de fonte des métaux : le modèle en cire est enveloppé d'une chape de glaise ; quand celle-ci a durci, la cire est fondue et le métal coulé à sa place. Pour finir la pièce, il faut briser la forme, puis donner la dernière façon aux surfaces.

Ciselure

Travail du métal avec burin, lime et poinçon pour l'ornementer. Egalement finissage des pièces métalliques fondues.

Civilisation ouest-africaine

Terme général désignant d'une part la culture patriarcale des tribus de la sylve primordiale et d'autre part les Bantou matriarcaux du Congo méridional.

Coupe anthropomorphe

Récipient de forme humaine.

Coupe céphalomorphe

Récipient en bois ou en terre cuite dont une partie a la forme d'une tête humaine.

Enroulement

Montage des corbeilles ou des récipients de poterie par l'enroulement en spirale de longs boudins de la matière choisie.

Entrelacs

Motif décoratif inspiré du tressage et déjà très répandu dans l'Antiquité.

Fétiche

Objet «chargé» de substances magiques dans un dessein déterminé.

Filigrane

Fils très fins d'or ou d'argent soudés sur une plaque de métal ; tresses ou petites boules qui constituent des ornements.

Foula

Pasteurs de civilisation chamitique répandus dans les savanes sèches du Soudan occidental ; une partie s'est sédentarisée.

Héros

Guérisseur ou véhicule de civilisation, demi-dieu ou héros mythique, le plus souvent envoyé par la divinité créatrice pour apporter aux hommes des connaissances importantes.

Ignames

Tubercules ressemblant à la pomme de terre, racine de la *dioscorea*. Joue un rôle important dans la nourriture des habitants des tropiques.

Impluvium

· Cour formée par quatre maisons quadrangulaires contiguës, à la façon de la Rome antique.

Incrustation

Ornementation des surfaces au moyen d'insertions d'autres matières colorées, généralement nobles.

Initiation

Cérémonies marquant la maturité après la sortie des écoles de brousse, avec épreuves de toute sorte, pour obtenir l'entrée dans la communauté des adultes.

Lamou

Procédé d'incrustation de plaquettes d'or. Le nom provient de l'île Lamou, au large du littoral souahéli (Afrique orientale).

Libation

Effusion de liquide en l'honneur des dieux ou des esprits.

Ligature

Procédé de teinture par réserve ; les dessins sont formés par la ligature partielle du tissu achevé et plié avant la teinture.

Matriarcat

Prépondérance sociale et religieuse de la femme, due à son rôle important dans la culture des champs et la fécondité en général : image de la terre mère ! Le père entre souvent par le mariage dans la famille de sa femme et les enfants appartiennent à celle-ci. Titres, rang et biens sont hérités suivant la ligne maternelle. Position importante du frère de la mère.

Monoxyle

Façonné dans un seul morceau de bois.

Napata-Méroé

Royaume nubien sur le Nil entre Khartoum et les hautes terres d'Éthiopie : domina l'Égypte au VIIIe siècle (XXVe dynastie). Première capitale :

Napata, puis, vers le milieu du premier millénaire av. J.-C., Méroé sur le Nil. Population chamitique orientale avec éléments noirs. Centre commercial important pour l'Égypte et l'Éthiopie. Aux influences égyptiennes anciennes s'en ajoutèrent d'autres, byzantines, hellénistiques, chrétiennes, par la suite, arabes. Fin de l'empire : XIIIe siècle. Succession en ligne maternelle et nombreux aspects théocratiques.

Néo-soudanais

Vagues de civilisation relativement récentes qui ont porté des éléments des civilisations orientales et méditerranéennes avancées jusqu'au Soudan et dans les Guinées. Elles ont amené la constitution de grands Etats, introduit la théocratie, l'emploi du pisé pour la construction et de la glaise pour la poterie.

Paléonigritique

Ancienne civilisation nègre dans des régions reculées du Soudan, du Congo septentrional et de l'Afrique orientale. Caractères : organisation patriarcale par grandes familles ; métier de forgeron tenu en grande considération ; cases à toit conique avec soubassement cylindrique.

Patriarcat

Le père est le chef de la famille ; c'est dans son groupe à lui que l'épouse entre au moment du mariage ; les enfants héritent des titres et des biens en ligne paternelle. Se rencontre surtout chez les pasteurs.

Poinçonnage

Décoration d'une surface (métal, cuir, etc.) au moyen d'un burin ou d'un poinçon à dessin. Selon que la pression est exercée sur le côté de l'endroit ou sur celui de l'envers, les dessins sont accentués ou peu marqués.

Point-cercle

Motif décoratif constitué par un petit rond avec un point au milieu ; origine le plus souvent arabe.

Prédateurs

Chasseurs et cueilleurs nomades au stade le plus primitif de la civilisation, dans les régions reculées ; par exemple pygmées et Boschiman.

Repoussage

Ornements repoussés par l'intérieur dans des feuilles de métal très minces.

Rites de passage

Cérémonies cultuelles qui marquent le début des différents stades de la vie.

Savane

Prairie des tropiques (humide ou sèche) coupée d'arbrisseaux et de boqueteaux peu denses, surtout le long des fleuves ; aussi appelée brousse.

Société secrète

Association d'hommes adultes – rarement de femmes – pour assurer l'autorité et l'ordre, rendre la justice et former la jeunesse.

Style naturaliste

Plastique qui s'approche de la nature organique en ce qu'elle choisit des formes douces, arrondies, vivantes.

Style «poteau»

Plastique qui tend vers l'abstrait, le cubisme, et dont les lignes laissent encore deviner la bille ronde ou le tronc dans lequel la figure a été taillée.

Tembé

Maison quadrangulaire à toit plat. Contrairement aux cases de pisé, elle est faite d'une charpente de pieux et de fascines recouverte de glaise.

Théocratie

Un souverain sacro-saint est placé par la divinité à la tête d'un grand Etat. Des coutumes caractéristiques sont plus ou moins communes à de tels organismes et semblent indiquer des origines également communes. Par exemple : le bien-être du roi garantit celui du pays et la fertilité du sol ; si ses forces déclinent, il est mis à mort rituellement. Il vit le plus souvent isolé du peuple et personne ne doit le voir boire ou manger (parmi de nombreuses autres restrictions). Les attributs du souverain sont le feu sacré et le tambour royal, le lion et le léopard ; le cheval est son animal de selle et sa sœur en même temps son épouse. La reine mère occupe une situation importante. Le gouvernement est aux mains d'une noblesse héréditaire ; cérémonial de cour rituel. Le roi est entouré d'une garde du corps et de pages, fils de nobles, qui sont instruits à la cour. Cette théocratie est rattachée par bien des liens aux civilisations chamitiques et néo-soudanaises.

Tukula

Poudre de bois rouge (écorce du *pterocarpus*) mêlée à de la graisse. Elle protège contre les termites et sa couleur rouge a une signification symbolique. Les indigènes s'en frottent la peau et en oignent également leurs morts ainsi que les figures d'ancêtres.

Tyi-wara

Antilope, animal totémique des Bambara dans l'ancien Soudan français ; représentée sous les formes les plus diverses dans les sommets de masque de danse.

INDEX

INDEX

(Les chiffres en italique désignent les illustrations et les légendes.
La lettre G renvoie au glossaire, où le mot est expliqué.)

TABLE DES MATIÈRES

OCTOBRE 1983
NUMÉRO D'ÉDITION 7942
DÉPÔT LEGAL: B 12.311-1983
IMPRIMÉ EN ESPAGNE
EMOGRAPH, S.A. A. OQUENDO, 1 - BARCELONA

2730
7 - . 87

(5)